掰掰～
有點糟的一年，未來我們好好過。

# 最大的示愛

Kurt Lu

盧建彰

推薦序

# 轉念，世界更美好

葉丙成（臺大教授、無界塾創辦人）

我一直都很佩服Kurt，在我眼中的他，似乎天天充滿活力、對這世界充滿熱情！但這世界有這麼多狗屁倒灶的事情，人到中年又有許多家庭跟事業的壓力，他怎麼能做到天天都笑聲不斷充滿能量？看完這本書，我發現了答案。

就是轉念。

人生鳥事很多，真的很多。尤其在網路發達的時代，在臺灣這種個人很難保有隱私的社會，你在做什麼大家都看得到，別人在做什麼你也看得到。所以無形中我們很容易給自己很大的壓力。當別人做得好，你就會想，啊我怎麼這麼遜；或是你想做的跟別人的方向都不一樣，你就會一直質疑自己：真的該那樣做嗎？還是跟大家一樣，比較好？

在這種壓力下，我們變得對自己很苛刻，而且不止對自己如此，對自己的朋友、伴侶、孩子、親人，也很苛刻。每天一張眼，看到的盡是自己或他人的不夠好、不完美，然後心裡就煩、悶、氣。每天都過得不快樂。

如果我們不自知，一直陷在這種狀態，人生就變得灰濛濛的。每天似乎看不到值得快樂的事；或者，有一些小快樂，也都被焦躁的情緒淹沒了。

如果想脫離這樣的狀態，我覺得最重要的，就是轉念的功夫。看完Kurt這本新書，我打從內心驚嘆，他真是轉念高手！Kurt在書中寫了許多生活的大小事，以及他在這些事情當中的思考。你會發現在過程中，Kurt常常會轉念（當然也不全都是他自己的功勞，有很多是來自女兒願的啟發♥）。轉念後，他會對事情生出完全不同的觀點，而在新觀點下，原本的焦躁或厭煩等負面情緒，就不再那麼影響他了。

轉念不但能讓自己不受負面情緒影響，甚至還能因為有了新的觀點，讓自己對原本排斥的事情找到新的動力、新的能量。所以我覺得，轉念的功夫，對我們的人生真的是太重要了！

很高興看到Kurt這本書的問世。細細咀嚼，學習轉念，學習愛自己、愛身邊的人，你會開始發現這個世界的美好！

自序

# 蓮蓬頭，和那個養樂多

## 好喔

今天開完會，迎著陽光前行，心裡感到一種強烈的幸運感，因為有人願意大老遠喊著呼哈呼哈，一路衝向我，來告訴我奇妙的好故事，我唯一要做的只是笑著說「好喔」。

（好吧，他們八成會抗議說他們才沒有喊著呼哈呼哈呢，但你不覺得有喊，感覺比較有趣嗎？）

我常常在說完「好喔」後，把故事寫下，有些幸運的故事又會有人願意提供資源，讓我們把它拍出來，我又只要再說聲「好喔」，就又有一群有才華又心地好的夥伴來幫我完成影片，其中不乏金馬獎金鐘獎的影帝影后製作團隊們，而我只需要在最後說「好喔，真棒」，一切就發生了，真的是有夠「好喔」。

對於好的事，我現在很習慣不要想太多，就說好喔，就讓它發生吧，可是，你怎麼知道它是不是好事呢？

這真是個難題。

那就先說「好喔」，然後盡量讓那件事變成好事，在事情變壞之前，在自己變壞之前，盡量做點看來滿好的事，就算因為自己的能力不足，可能無法讓那滿好的事完全被人們理解，但它看起來至少就會還好。

你知道，還好，其實很多時候，很好。

跟沒有發生比，跟你不去做事比，跟人們完全不知道這故事比。

還有，我想，有一天，那個目前看來「還好」，可能會變成，還好我有做的，還好。

## 蓮蓬頭

家裡的蓮蓬頭上的水管會漏水，我跑步去買，在愉快且艱難地跑了五公里後（有跑步的你一定懂我在說什麼），我走進一間五金百貨行，挑了個蓮蓬頭，又再度在路上奔跑。

仔細想想，我的樣子應該很好笑，旁人看來，感覺應該是個很想洗澡的人吧，哈哈哈。

回到家，開心地把原本的蓮蓬頭連同水管一起拆下來，新的蓮蓬頭使用說明書上寫著毋需工具，只要用手轉上即可。

不過，說明書沒提到原本的水管有可能卡得較緊，還是得用工具拆下。我找出扳手，弄了幾下，有點費勁，但還是順利的拆下來了。

結果，新的卻裝不上。

我看了一下，原來水管有個轉接頭，緊緊咬住了舊水管，我拿了幾個工具，來來回回好幾次都不行。

這時，妻與願回來了，願興奮地衝過來看我在做什麼，我說，我在換蓮蓬頭呀，願大喊，好厲害呀。

我說，我現在覺得轉接頭比較厲害，它拆不下來呢，哈哈哈。

願說，怎麼辦？

我說，我可能又要拿著水管在路上跑了，哈哈哈。

我又再度跑回五金行，我說，我要買個新的轉接頭，一邊秀出舊水管上緊咬不放的轉接頭（緊咬不放，是狗嗎？）

老闆娘好意說：「哪有拆不下來的！」她一臉自信，伸出手，要跟我拿那條水管上面緊咬不放的狗，噢不，是轉接頭。

我看老闆娘有點年紀，應該是六十多、近七十歲左右，相信人生閱歷豐富，看過許多轉接頭了，我一邊道謝，一邊遞出應該是人生第一次在外拋頭露面的，我家的浴室水管。

老闆娘轉身在工具箱裡翻找，我偷偷觀察，想知道專業人士是怎麼處理事情的，好讓我這個業餘的日後可以學會處理。

老闆娘翻找了一陣子，終於從裡頭翻出一把扳手，欸，跟我在家用的一樣嘛，我心裡微微點頭，那至少我沒有錯得太離譜。

老闆娘轉緊扳手，靠在水管上，使勁轉動，一下子就把它拆下來了。

才怪！哈哈哈哈。

那個轉接頭一動也不動，狠狠地咬住不放。

老闆娘看我看著她，於是叫來一個店員，說去後面拿另個工具，一邊遞給店員那條舊水管。

我心想，這條水管平常都住在浴室裡，從沒出遠門，卻看過我一家大小的裸體，還包括狗的，今天第一次出門就被這麼多陌生人碰觸，不知道它心裡會不會緊張？還有，它會不會跟外人透露我私密的事情呢？比方說，我一天洗幾次澡。

我想著這些亂七八糟的東西，眼看著舊水管隨店員消失到五金行深處，心裡也為舊水管它有點擔心。

我忽然想到，我其實，只是想買個新的轉接頭而已，我想趕快洗澡啊，把身上跑步的汗水洗掉。

其實，這樣折騰，我身上的汗也早就乾了。

眼看著，我要是繼續站在那裡，恐怕我和老闆娘互望，彼此都尷尬。

我就假裝要逛逛，慢慢朝其中幾排貨架走去，避免目光的再接觸。逛到後來，我開始有點想買個藍牙耳機，好在跑步時戴，我原來的耳機已經壞掉了，到底哪個好呢？看著琳瑯滿目的貨架，我想呀想。

突然，店員走向我，一臉歉意，「不好意思，那個歪了。」

我跟著她走回櫃臺，老闆娘一臉看遍世事滄桑的表情，娓娓道來：「它當初鎖的時候鎖歪了，拆不下來。」

我趕緊說：「沒關係，我本來就要買新的，請問這擺在哪裡？」

在貨架間找到，我發現價錢很合理，也才六十元，趕緊結帳，跟老闆娘點頭致意，說聲謝謝。

老闆娘和店員也很客氣地跟我道謝，還一邊很惋惜跟正走出店門口的我說：「拍謝，那個拆不下來。」我口裡一直謝謝、謝謝，緩緩離開。

## 善意

拿著水管和轉接頭，走在夜幕低垂的街頭，我突然想到，那是怎樣的一個善意呀。

老闆娘明明可以機械式地不理睬我，只要跟我說轉接頭在哪裡，就可以收錢了事，她根本不必幫我，還勞駕一位店員一起投入時間，更別提，要是她幫我拆成功了，我不就不會買轉接頭，她就少賺了？她這不是跟自己的生意過不去嗎？這不是跟她幾十年的職場經驗相違背嗎？

我邊走邊想，手拿水管，行動怪異，但內心有點激動，在這個人們苦於疫情，擔心家庭經濟，處心積慮地想要多賺點錢的時代，我不認為老闆娘就能置身事外，就沒有擔心害怕，可是她面對一個留著長髮、有點傻氣的年輕人，卻選擇了伸出援手，而且考慮的時間短於一秒鐘，簡直可以說，她的慷慨，比許多運動員的反射神經，來得更加強烈快速。

我問我自己，我的善意可以這樣不假思索嗎？

我的善意可以這樣跟自己的利益有所衝突嗎？
我的善意可以給陌生人嗎？而不只是我熟悉的家人朋友而已？

我不知道，我可能更多地傾向不行，我感受到自己的不足，我意識到自己平日的偽善，但也清楚了自己還有機會，還有機會好一點點。

對於利益的算計，我會不會已經被內化成電子計算機，絕不過分出力，而這看似精明的小聰明，一點一點腐蝕了我的肌肉，讓我無法隨時出力，快速反應，隨時伸出援手。慣於謹慎判斷，害怕受騙，最後，被自己的偽裝給騙了，我只是偽裝聰明，我一點也不聰明，面對這世界，我自己以為的保護外衣，既輕又薄，讓人一眼看透，在這世上毫無用處。

我以為我今天沒受傷，是因為我聰明，卻沒意識到我不是沒受傷，我是沒投入。也不是因為我夠強壯，只是因為我被人照顧得很好，被根本不認識我的人用善意對待了。

我可以不要像個機器人一樣只是評估局勢，換算損益嗎？可以只是單純地對人好，並享受對人好的自己嗎？

我可以回到自己那邊嗎？回到自己喜愛的那邊嗎？而不是我明明就不喜愛卻又假裝學會的那種樣子。

我拜託自己，可以稍稍好一點嗎？可以誠實一點嗎？可以對待世上的人更像個人嗎？

夜風變涼了，我的心卻熱了，我沒有跑步後的疲累，只有想再提步快跑的動力，我的腳步加快，我的手臂快速擺動，手上的水管彷佛成為騎士的馬鞭，在夜裡路燈光影明暗間飛舞著，只是我沒有馬，我唯一可以鞭策的只有我自己——我好想對人好，好讓自己好。

**養樂多**

我跑回家，女兒問我，要不要喝養樂多呀。

我們每天都會喝一瓶養樂多，因為對腸胃道好，因為是很單純的滿足，因為小小一瓶，負擔不大，可是，我們都會笑笑的。

而且，這是每天的一種奇妙儀式，女兒會堆著一臉笑說，要不要，來瓶養樂多呀？然後走向冰箱，當她走回來，小小的手，拿著小小的養樂多，彷彿一切的問題都不是問題了，一切的苦惱都只是苦惱，我們還可以對自己好。

我想著，那是女兒對我好的方式，那是她想出來，她可以做到，而且她努力去做到的，她盡力讓這件事每天都發生，就算我們外出旅行，就算我們不在家裡。讓每一天，我們都有一次被療癒的機會，讓每一天，我們都有一次讓對方知道，我們看得到對方臉上的皺眉，但也試著伸出手去撫平的機會。

我想，那是一種善意，一種踏實的，並且日常的，讓人感到被安慰，並且知道自己被愛的方式。

我想，如果可以，我也想做一瓶養樂多。

雖然並不偉大，小小的，但很純粹，很單純，很簡單的只想對人好，並且也真的對人好，讓人可以稍稍消化這世界裡的那些難以下嚥。

我還不夠好，但我試著寫下，好提醒自己，世上真的有善意。

我們值得被愛，更有能力愛人，而在確信這點後，可以試著，示愛。

把愛表示出來，用行為，用動作，用發生，用誠心，用我自己明明知道卻總是簡省跳過，只因為怕麻煩的那些真實，讓那個萍水相逢甚至一期一會的陌生人知道，讓已經有點陌生的自己重新熟悉自己的心跳，還有使勁用力後大口喘息的感覺，感覺到自己還在的感覺。

這是我最大的示愛。
在知道，這世上，最大的是愛後。

Part 1

## 我與我



Part 2

## 我與你和他

# Part 3

# 我與這世界

# Part 1

# 我與我

# 做自己一天的朋友

## 好好做朋友

宇情是我女兒盧願在學校的好朋友，今天我在幫願吹頭髮時，願說：「宇情很喜歡我，每次看到我都很高興，眼睛都會睜得很大，比原來還大。」

我隨口回：「因為你們很要好，都一起玩。」

「對啊，但是我們現在都沒有一起玩。」

「為什麼？」

「因為老師叫我們兩個不要一直在一起，要分開。」

「為什麼呢？」我有點納悶。

「因為這樣我們才能去認識別人，交更多朋友。」

「哦，原來是這樣。」
「那天有一個哥哥來，看到我，就跟我說，宇情討厭妳噢。」
「是噢？」
「我就笑笑的跟他說，沒有啦，宇情只是沒有跟我玩，我們是好朋友呀。」
「真的噢。」
「對啊，我們都看著對方，用眼睛笑，然後認識新的朋友。」

我自己的經驗，好像也是這樣。可以很快地和人說上話，真心誠意地想了解對方的人生故事，不過，這並不妨礙我的那些老朋友們。

我們總是在地球的不同角落，把目光放在對方身上，關心對方的心情多過事情，在乎對方的家事勝過事業。

久久才能見一面，可是一見面，沒有暖機，就是可以一直笑很久。

因為真心誠意。

## 成為別人的安慰

我有個朋友是雙城隊球迷，那天我打開電視，剛好是美國大聯盟季後賽，雙城隊對上洋基隊。

臺灣的球迷大概都曾在某個時期是洋基隊的球迷，因為都曾見識到王建民在洋基隊彷彿蒙神祝福的在投手丘上，把自己苦練的伸卡球，一球一球讓打者只能打出挖地瓜並快傳一壘出局，我們都知道「臺灣之光」，都曾被臺灣之光照得心情激動，全身充滿動能。

我記得，那時在廣告公司有位業務總監好友，他的下屬跟我說，這位業務總監工作投入、充滿熱情，反應快速有智慧，但奇怪的是，只要王建民出賽的那天早上，他都會剛好拉肚子請假，接近中午才上班。哈哈哈。

作為曾經的洋基球迷，那天我們家卻支持雙城隊，除了因為村上春樹說，「當你不知道要支持哪一支球隊時，支持弱隊總是比較有意思」，也因為雙城隊的ＬＯＧＯ很像中華隊的英文縮寫，更因為，我們知道有個朋友是雙城隊球迷。

當然，比賽結果不如人意，分數差距有點大，沒辦法，洋基隊有個現在全美火燙的棒子叫作「法官Judge」（Aaron Judge），而雙城隊運氣不佳，過去對上洋基隊已經十連敗了，這也許是兩隊陣容上剛好隊形相剋，也可能，嗯，就是運氣不佳（再說一次）。

我想，我的朋友心情不會太好，我想安慰，但我也知道作為一個球迷，那種安慰，很可能只是場面，略顯皮毛。

後來我的做法是，在臉書上貼文，說我們家今天支持中華隊。

我想，他會看到。

他會懂，他能懂。

我記得那天，我們並沒有找他出來吃飯，因為我想，我上次難受時，也不想多說話，更不想強顏歡笑。世事已經不如人意了，難道自己臉上的表情還要不能順己意嗎？那也太可憐了。

不過，後來我聽他家人說，他跟家人說雙城隊那天贏球。

這也太扭曲現實了吧！

我覺得，我還擔心他難過，真是太多慮了，哈哈哈。

## 做自己的朋友

我常常會感到困惑，不知道怎樣比較好，有時候想一想還會失眠。

這種時候睡覺，很累，一點也沒休息到。不知道你會不會也有這種感覺？越睡越累。

後來我發現，這時還不如起身來讀本小說，看故事裡的主角面對他們的問題，在困境裡想辦法，或在悲傷裡探頭換氣，也不是見賢思齊，更不是幸災樂禍，而是，算了，還好啦。

關注他人的問題，常是自身問題的答案。再不濟，至少，你會想，大家都過得去，或許，自己也可以。

然後，我也才意識到，不要永遠只做自己的老闆、激勵者，有些時候，也要做自己的朋友。

朋友能理解你的擔憂，陪你一起度過，我們都需要朋友，但有時，忘記不只他人，自己就是一個朋友。

那天看到李偉文醫師的講題「再悲傷也會過去——培養孩子的韌性」，我突然發現，這是一個我一直沒有認真對待的功課。也許，我也需要補課。

朋友要用做的，朋友不是一種關係。是一種行動。做朋友，不單是作為朋友，是為朋友而做。只是我們很少想到自己，因為不習慣，也很少想起。

但其實，只要把平常會想到為朋友做的，換成為自己這個老朋友而做，就可以了。

一點也不難，而且會充滿，創意。

為自己寬容，為自己準備禮物，為自己難過，為自己寫一封信，為自己約一個晚餐，為自己去兩肋插刀，為自己去仗義執言，為自己叫酒後代駕，為自己準備一個生日派對，為自己寫一封信……

## 給一天後的自己

我知道，前面那句「為自己寫一封信」，重複了，除了要測試你有沒有看，更是因為，那是一個立刻就可以發生的事，而且很重要的事。

你現在就可以做。
寫給一天後的自己。

我有個曾在總統府工作的朋友跟我說，他發現一天很長，而一年很短。因為，一天裡，從早到晚，不斷發生新的事，要立刻去處理。可是，一轉眼，突然發現，一年已經過去了。

而其實，你並沒有幾年。

更進一步追問，則是，你想做你的朋友，但你是你自己的嗎？

如果你都無法聽你的話，為你自己做點什麼，那為什麼你可以宣稱你是你自己的呢？

連一天都不行？

你的主權不及於你自己，你是別人管轄的，你連一點想做的事都不能做，這可不是小事，是比你一整天裡為他人做的一大堆事，都來得巨大的大事呀。

現在，寫一封信給一天後的自己。
擁有自己，從一天開始，從今天開始。

# 人生的側踢

## 最該認識的人

女兒願剛上幼兒園時，為了增加她上學的動力，我們每天都會聊天。

「妳好好噢，有三位女老師。」

「對呀。」

「那妳知道妳還有幾位女生同學可以認識嗎？」

「幾個？」

「全班有十八個女生，扣掉妳，還有十七個可以認識。」

「可是，我也想認識我自己。」

對耶，她說完後我才想到，她是對的，我們成天只想到要去認識世界上其他的人，卻忘了好好認識最重要的人。

久而久之，他還成了個陌生人，我們不太知道他近況如何，喜歡什麼，想追求什麼，愛看什麼電影，喜歡去哪裡走走。

在一起時間最久，卻最不常正眼看他，雖然天天照鏡子，但都照不進心裡，甚至有時故意放音樂，好蓋過自己的心聲。沒有對話，沒有溝通，比較常壓抑，很少給鼓勵，雖然想放縱，但常常都是空，因為不太熟，常弄錯要什麼。

我雖然說要為自己而活，卻不太在意認識自己，那說來有點空洞，最可惜的是，欺騙的還是自己人。

如果自己，還算是自己人的話。

## 你有幾顆牙齒？

我剛去拔智齒，女兒問我，「那你現在有幾顆牙齒？」

我說：「欸，我不知道耶。」

我當下那驚訝的心情，很像被抓到了，而且這心情似曾相識。

我記得，齊柏林剪好初版的《看見臺灣》，邀我去看，沒有旁白配樂，他就著投影幕上的大影像坐在我旁邊，一路介紹說明，時不時要我猜猜畫面上是哪裡，我竟然沒有一個答得出來。

我可以背出華中地區一年幾穫，可以背出從廣州到哈爾濱要搭哪幾條鐵路，但我卻不知道自己所在的土地，最接近我的是哪一條河流，我有幾顆牙齒。更妙的是，我之前背的那些資訊還可能已經都是錯誤的了，世上並不存在那幾條鐵路了，甚至在我背的時候就已經不是那樣了。

我怎麼會偏離現實的航道這麼遠？

身旁跟我同年紀的朋友，有些連由北而南先到大甲溪還是濁水溪都答不出來，雖然在這土地生活得較久，但認識未必就較深，比起當代二十出頭的年輕人，可能還略遜一籌，因為課本不同了，他們多了臺灣歷史、臺灣地理，跟腳下的土地還有較多連結呢。

有認識就有感情，有感情才有意思。

不認識就沒感情，沒感情就沒意思。

難怪有些人出賣土地輕而易舉，因為他不在這裡活，不過，別人的生命，我們也沒什麼好多說的，倒是自己活在一個少了些感觸的地方，當然是自己的損失，每天一樣多的花費，感受卻得減半，就像你去看一場電影，花一樣多的票錢，別人都充分享受，你卻覺得無聊還要坐滿時間，那是誰比較倒霉？

還有個更駭人的事，那就是你明天還要來，每天都得看。

那怎麼辦呢？

就自行補課呀，而且最好用自己的身體去理解，用最直接的方式，而不是藉由背誦，畢竟現在又沒有要跟你考試，你需要交待的，只有自己，比起教授，你的感受更重要。

我和女兒一起數牙齒，張大嘴，一顆一顆數，感覺很有意思，用手指去碰觸，一邊算，算一算，還會算錯，得重算。

數完後，我們沒有一下子變得比較了不起，但我們比較了解自己，而且度過了一段有意思的小時光。
她有二十顆，我有三十顆。

## 人生的側踢

我最近在學空手道，很有趣。
學東西不是為了學校老師，更不是為了爸媽的期待，也不是為了在工作上可以賺更多錢，而是想更靠近不熟悉的自己。
像我就發現，原來側踢很難，外胯部的肌肉很弱，因為你平常不會用到，儘管我每天都跑五公里，自以為腿部肌肉強健，可是一做側踢，就發現離得還遠呢。
你要先把腿抬起，這時你的核心肌群要動作，腹斜肌也要用力，同時單腳維持平衡更是要全身用力，然後向側邊踢出時，要有直進的感覺，這時上身不能往前傾，否則力道會抵銷掉，可是你又會不由自主的往前傾，於是，你得有意識的在身體核心出力，好讓自己稍稍接近正確的姿勢。
這還只是最基本的動作，光要做好就很不容易了。
這時我才發覺，我連自己的身體都無法控制了，怎麼會想控制世界呢？

更棒的是，我的師兄，可能小我三十五歲吧。

他可以用側踢的腳風熄滅蠟燭，帥吧！他的身高才比我的腰高一點而已。

你知道，當你四十歲後，也許在工作專業上有你一定的位置，你很容易就會成為那個永遠在評估別人、指導別人的人。你會忘記自己也許還有很多要學的，更別提，現代過度強調個人自信、虛張聲勢，常常要假裝你很懂，導致後來自己真的以為自己很懂。

讓自己去碰觸有興趣但並不擅長的事，是一種對自己的慷慨。

那讓你可以像個剛入學的新生，事事感到新鮮，卻又不至於有過大的壓力，失敗不會怎樣，或者說，根本不會失敗，因為你可以控制，你可以掌握你的新生。

最美妙的是，你可以意識到自己的不足，並且慢慢加足，感受自己的身體在改變，把不會的慢慢變成會的，那是讓人找回成就感的來源，很單純，很確切的幸福感。

我跟我剛進幼兒園的女兒，同步，成長。那讓我不感到那麼衰敗。

你的人生側踢在哪裡？

## 願，跟你說

願說今天是最快樂
的天.

明天也要像今天

她昨天也
這樣慎重地宣佈
我深深覺得
她比我懂過日子
是怎樣的道理

# 好享受，好好享受

我剛先去跑了五公里，才來寫這篇，但你當然不必先跑五公里才能看。

跑到一半，下起了雨，我心想，要不要回家了？反正又沒人規定我要跑步，更沒人知道我今天到底有沒有跑。這是我自己的事，不關別人的事，我決定不用跑就不用跑。

不過，我想到，也是我決定我要來跑的。

自己決定的事，是不是，就試著再做一下下看看呢？

畢竟，平常都在做別人決定我要做的事了，這次何不挺一下自己的決定？

就一下下嘛。

池井戶潤的小說《陸王》裡的每個人，其實都跟我跑步一樣，並沒有確切的信心，更沒有確切的目標，不去做好像也不會立刻就怎麼樣，甚至比較像是，許多人會在旁邊大聲喊說，不做不會怎樣，不要去做啦！

跟世上多數的好事一樣。

我說的好事，並不是會讓世界和平那種偉大的好事，而是你知道的，我們平凡人可能接觸到的好事，甚至，好的對象一開始只有我們自己的那種好事，就是那麼小，小到你多少會想說，算了啦，不做也沒差，現在這樣也沒怎樣不是嗎？

你只是心裡有個小箱子，小箱子的小蓋子被掀開了一公分，就再用力地把它蓋回去就好，其實，也不用太用力蓋，他自己就會闔著。要打開蓋子，還比較花力氣。簡直就像做襪套的，想改做跑鞋一樣。

**跑步，最難的是去跑步**

想歸想，做的時候，還是一大堆不要不要，我記得村上春樹說過，不去的理由裝起來可是有一輛大卡車那麼多，所以，顯得去做變得很了不起。

你都不幫你自己了，還要怪別人不幫你嗎？還要怪老天爺不幫你嗎？於是我假裝沒有雨，繼續往前跑，一會兒後，弄假成真，雨停了，我沒有停。

這大概是個禮物吧，因為我對自己好，好讓我自己為自己的決定動手動腳，好讓我那平常受人指使、軟弱無比的自尊，在這時刻，自己尊敬自己一點點。

我想到《陸王》裡的角色，好像就是得面對，就是得在危急存亡的時刻試著做點什麼，拚他個一把看看，反正本來就要輸了，那拚一把再輸，不是比較好嗎？常常這一把，就是個不一樣的機會，我想到偉大的球評曾公曾文誠先生，在他的書《環島浪漫》裡說過：不揮棒，就什麼都不會發生。

正想著這決定是對的，忽然，被毆打了。

不下雨了，下雨是有雨滴，這不是雨，是機關槍連發！會在擊中時自動分開成十多顆子母彈。雨在毆打我，而且是圍毆，大到我想要報警，原來今天豪雨特報。

我正跑到可以看見海的地方，打在堤岸邊的海浪聲跟雨聲一樣大，兩個人在吵架，而且，很兇。

我全身都濕了，想安慰自己，反正出來跑步不就是會濕嗎？

但這不是濕，我變得好重好重，衣服吸滿了水，鞋子吸滿了水，腳好重，身體好痛，廢話，因為你正在挨揍。

我當然只好停下來了，躲在巨大的橋墩下，看著大浪、看著大雨，想著人生的風雨就是這樣嗎？就是要這樣打擊我們的夢想嗎？

我也想起以前聽說家裡的長輩受人連累生意失敗，一瞬間歸零，一如《陸王》裡一次又一次的驚險，危機總是會來到。而你在挺身而出的同時，也得挺住，可以停下來，但不要放棄。

後來，雨又變小了，我又繼續跑，跑完我的日課五公里。因為我知道雨一定會變小的，跟人生的風雨一樣，也跟《陸王》裡的人物一樣，任何事都會不順利的順利完成。

就好像你看到《陸王》那麼厚一本，就會想放棄一樣。

放棄也不會怎樣，但是啊，
不做不會怎樣，做了很不一樣。

或者，要是我跟你說，會很享受，
那，誰不想要享受久一點呢？

# 那些掙扎很享受

## 你很享受嗎？

我女兒那天跟我說，「把拔，我很享受耶。」
我好奇地問，「妳為什麼享受？」
「我在畫畫呀，想畫什麼就畫什麼，畫完還可以看，很享受呀。」
我心想，年紀這麼小，就懂得享受啊。又突然意識到，一樣在追求享受，她比我聰明多了。

我總是做件事就累得半死，還沒做完就開始抱怨，做完再繼續抱怨，能不做就不做，真的要做又要死不活，只想趕快完事，沒想過好玩的事，老是半途而廢，要是兩個半途算一個全途，我就是世上最多全途的，可以叫我全途無量。

我做完後，只想趕快跑，一點也不想回頭看，更別提還欣賞自己做的事。

比起她，我真是遜爆。

所謂施比受更有福，所以，要是可以自己施捨給自己享受，真是福上加福呀，double happiness。哈哈哈。

自做自受，自己做給自己享受，真的很有道理。

可以享受做一件事，簡直就是，一個人可以給另一人最好的建議。

你很享受嗎？

## 一定要花錢買才爽？

以前我在廣告公司工作，每天都花許多時間，常一做就到深夜了。而且比起工時，工作壓力更是大到不行，那種壓力有時會把人壓垮，有時會讓人很厭世。當時公司所在的區域是臺北市信義區，在眾多百貨公司、購物中心之間，很容易就會想用購物來消滅壓力。

所以工作十年後，我只有壓力，沒有積蓄。只有經歷，沒有房契。還好，還沒有病歷。

我意識到，當我們不斷為自己創造享受的機會時，也要小心，那種享受是不是很單調，很偏狹，很缺乏多樣性，很……只能用錢買到？

不要誤會，我不是說消費就不好，而是，只有消費才感到幸福，似乎有點辛苦。認定只有把錢掏出去購買到東西，才有享受到，基本上，是件不太自由的事。

世上有那麼多東西，要是你懂得享受的都只是那些用錢買的東西，那你可能還不太懂得享受。或者說，你享受的太少了，你真是一位寡求的人呀。

你可能慾望很多，但樂趣太少。

我直到很後來才知道，世界上有那麼多事可以做，有很多你做了就會很開心，不必去把錢給人家然後得到跟許多人一樣的東西，卻又幻想自己跟別人不一樣，我限制了自己快樂的機會。

當然，如果你已經被制約成只有花錢才會感到樂趣，你一定要用買的才能分泌腦內啡，那也不是太大的問題，因為你只要改變一下思考的角度就好了。

比方說，把捐錢當作去買一個人一天的生活，你擁有一個人的生命，你用錢創造另一個人的生活樣貌，這樣也不賴啊。

你讓另一個人變化了，這不是很酷嗎？

甚至，你改善的是一個家庭，那不是超厲害的？

大家都想改變人生，而你在改變自己之前，就先改變了別人的，那實在很享受。

## 掙扎日常

我每天都會陷入一種掙扎。就是要先做別人要我做的，還是我想做的。

多數時候，我都得做別人要我做的，然後做的時候，就會多少想一下我想做的。

那有時會讓我把眼前要做的，做得不好。

後來我發現，我可能有點想錯了，兩者或許不是互斥。雖然因為時間有限，我們得被迫做選擇，被迫得取捨。可是，那真的不是互斥的，不是非A即B，不是有了B就不能A。我現在甚至會用一種獎勵機制，就是我弄了A，我就獎勵自己可以B。

但B可能不是慣性認定的獎勵哦，不是等著享受別人給我什麼，而是我可以完全自在地去做點什麼，比方說寫一本書，比方說去跑步，比方練空手道，或去學小提琴，當然，最輕鬆的是，多看一本書。

儘管這樣的方式無法一下子讓我變得很厲害，我是說在那個我想做的事上，我無法一下子就變成專家或者好手，但我至少可以涉獵，至少可以領略，知道那個在自己過去的人生經驗裡無法參與、進入的部分，大概是長怎樣，裡面大概有什麼辛苦和有趣的地方。

至少我有掙扎，至少我在掙扎。

誰知道呢？說不定下一次我就會做出東西來。

掙扎雖然很痛苦，但也是證明活著的方式。

我都會這樣安慰自己，在一事無成的時候。

## 每天都無感，除了無力感

在現代社會裡工作、生活，基本上就是個充滿矛盾的狀態，如果你意識到自身的矛盾，先接受一件事：這不是你造成的問題，卻是你得面對的問題。而且是大問題。

你在公司的部門裡不能特立獨行，不能不合群。不能太晚到，不能太早走，你不能讓人覺得你很混。同樣的，你也不能最早到，你也不能最晚走，你不能讓別人看起來很混。

你有想法但不能立刻提出來，儘管他們都這樣跟你說，但老闆的答案才是答案，你要是講得太早，可能會跟他很不一樣，然後被他釘。

可是，你又不能只重複老闆的答案，他會意識不到你的存在，然後，又很怕老闆看不到你，擔心客戶在會議上聽不到你的聲音。

你小心翼翼，怕用力過猛，又怕看來都沒出力。

我們擔心別人怎麼看我。

我們擔心別人怎麼不看我。

好苦噢，離好酷噢，好遠。

肩膀帶動手臂，但肩膀好緊，手臂好沒力。

一天又一天，你離自己心中的有力人士很遠，每天都無感，除了無力感。

你成了心中的無力感專家。

## 放手，才好手

我每隔一段時間，就會放開手讓自己做自己想做的，然後發現，那其實才是休息。

道理很簡單，你的肌肉被用來做你不樂意的事，那是一種勉強，你自己知道，你的肌肉也知道，身體緊繃壓抑，分分秒秒都在壓力中，你自己給的壓力，因為社會化，你要求自己融入社會中，好看起來不那麼反社會。

其實你離反社會很遠，但不知為何，你這樣提醒自己，而且時時提醒自己，深怕自己很不像這社會的一份子，很不像公司的一份子，很不像大家。

你需要釋放，自由伸展你的肌肉，在你在意的事物上。也只有你在意的事物才能容許你完全投入，不斷放大絕，不必自我審查。

我學小提琴的地方，每週總會遇上一位太太推著一位輪椅上的孩子來。

那孩子應該先天上有些發展遲緩，肌肉萎縮的結果，讓他只能坐在輪椅上，無法活潑地像其他孩子那樣奔跑。他無法用完整的言語表達自己的意見，只能靠喉部發出聲響，也許缺乏控制聲音的能力，因此在旁人聽來只是巨大、無意義的聲音。

他似乎有個哥哥也在這上課，他是來陪哥哥，直到下課。

一開始我有點難受，想像他被禁錮的靈魂。我想像，他會不會並不想來這裡，因為會聽到看到自己的兄長做著他無法做的事。

會不會，他並不想待在這？

有一次，當媽媽模樣的年長女子想要早點推他回家煮飯時，他發出了聲音。

「你要留在這裡聽，是不是？」媽媽彎下腰，在他的臉旁問。

他再度發出聲音。

我和他四目交接，他的眼神是愉快的。

我感到羞赧，因為我錯想了對方的悲劇，我也許，只是自顧自的錯用同情心。

比起來，也許好手好腳、有各種可能的我，卻只是在想著各種藉口的可能。

他聽著琴房裡透出的樂聲，表情放鬆，沒有太多被限制的苦痛，只有清淡但確切的滿足。

也許，每個人都有每個人的樣子，每個人都有自己的苦惱，但，每個人也有屬於自己可以掌握的自在。

## 放手，放掉手煞車

有時候，讓自己任性地做點自己想要的事，免得只會任性地怪別人不讓你做自己想要的事。

那輪椅上的孩子被推著經過我身邊時，對我眨了眨眼，嘴角露出微笑。他減少了那些限制，嘗試給自己空間，他跟我們一樣，找到在自己裡零碎的、卻可以感到愉悅的事。

那些零碎但豐盛的，讓我們感到自己，不那麼像個雜碎。

面對生命，他當然是好手。

我也該試著讓自己被門夾掉指甲的手指，試著在發麻裡，出手，拿起琴弓。

願，跟你說

今天才知道願的數字
是由下往上寫的
真是有趣
而且她每個都能寫
讓我好想來試看看.
原來,人生不是單行道.

# 放七年的茶葉，可以喝嗎？

我帶家人回臺南老家，四十多年的空房子，每一處都是我的生命記憶，當然，還有，我父母的痕跡。因為天涼，想喝杯茶暖暖身，屋裡來回翻找，在牆上木櫃裡，看到一個有些灰塵的茶葉罐，外面大大寫著「茶王」。我突然有點遲疑，這一定是爸爸還在的時候買的，只是，爸爸過世都七年了，這茶，可以喝嗎？

父親走的那一年是總統大選，他看完開票，關上喧鬧的電視，坐在病房裡，安靜襲來，那失望具體而厚重，彷彿用手可以碰觸得到。十三天後，他就離開了。因此，我現在都用總統大選來計算，父親離開我幾年了。

父親病危送醫的前一個月，我辭掉廣告公司的工作去歐洲流浪一個月，那一整個月，在那個還沒有手機免費通訊軟體的時代，我不像平常可以每天早晚打電話回家，只能每個禮拜傳簡訊。

如今，我總是在想，我是不是錯過了？我是不是錯了？錯過跟爸爸說話的機會，我跑去玩那一整個月，是不是錯了？我到現在還是在想，要是我沒有去歐洲玩，會不會就比較能注意到父親的病情變化，會不會就可以不太一樣？

事實上，我自己知道，不會的。父親的離開，對已經被癌症末期腹水折磨的他，是種解脫，是帶點善意的安排，讓一向重視儀容的他多些尊嚴。

我跟父親抱怨怎麼都沒跟我說清楚病況，明明我每天打電話回家，他說，「說了你又不能怎樣。」

那趟拋下生病父母的旅行，讓我後來寫出了第一本書，若沒有那趟旅行，我大概這輩子都沒有機會寫書吧。之後的每次書寫，我心中總是暗暗感謝那個明明清楚自己狀況，卻一口答應讓我去遠行的父親。

那天和朋友聊起臺南路邊的白糖粿，炸起來熱呼呼，沾上糖粉，來回滾動，一身白淨，又甜又油，吃了滿是幸福。

我笑著說，我和爸爸去醫院門診完，醫生叮囑不要吃甜的，我爸卻一走出醫院就在路口買了兩條。

我說，「這樣好嗎？」

他說，「醫生是說不要吃甜的，又沒說不能吃白糖粿。」他邊笑，邊咬下。我還記得。

還好我讓他吃了，因為不吃，幾個月後他還不是得走？還不如笑笑的、滿足的走。

還好，他走前的那一個月，我可以每天在他身邊，一直問以前的事，問阿公的故事，問家族舊事，讀他寫的詩。

還好，他是我爸爸。

媽呀，我擦一下眼淚。對不起，我真正想說的是，我超尊敬厭世姬的。我曾想寫父親，卻潰堤。

厭世姬的書《厭世女兒》寫得誠實無比，把和父、母的愛怨都清楚地用故事刻畫，我讀的時候，只是一直捏，捏自己的腿，也捏自己的心。為過往遭遇中的她捏一把冷汗，也為她流一把清淚，實在太不容易，太掏心肺，簡直是種慷慨。

我一直很好奇厭世姬是怎樣的養成，以前看她作品，幾筆畫幾個字就能強烈描出人心裡的那個點，以廣告操作的說法，就是很有insight。我猜想要嘛她很聰明，要嘛她經歷很多。現在我知道了，她不只聰明，而且也經歷很多，也許，太多。讓人想打從心裡給她一個擁抱，不過，她其實已經先一步，先給世界一個大擁抱了。

我覺得這本書就是，她給世界的一個大擁抱，也教我們如何放下手上的、心上的，張開雙臂，抱抱世界，抱抱家人，也抱抱自己。

放七年的茶我喝了，味道還不錯，這本放心上十年的書，你也試試。為你自己。

# 給那個失戀的我（一些有的沒的）

## 任何事都會不順利的順利完成

我人生有超多糗事，很多拍成電影也毫不遜色，我很有自信（欸，是這樣用的嗎？）。

每次要寫點什麼就很辛苦，一來沒有任何值得分享的真知灼見，二來更不想浪費時間講些冠冕堂皇、虛情假意，大家時間有限，浪費是很不環保的。

為了真心誠意，唯一想到的方法是，只說真的，我知道的，麻煩的是，全都成為負面表列，搞到後來，我好像是自己在主持一個節目，叫作「笨蛋一籮筐」，笨蛋都是我。

還有，我清楚地知道我無法給誰建議，除了我自己。所以我想一想，就寫給我自己好了，那個失戀難受、不知道如何是好、亂弄瞎弄的我。

先說結論，任何事都會不順利的順利完成，關係這件事也是。

我記得，當兵時只能打公用電話，而且在新訓中心每個人只有三分鐘，後面每個人都會罵。我捱過了，當時的女友也偉大的捱過了。

沒想到部隊分發後，因為單位特殊，又要去一次新訓中心，這次就不太行了。

印象中，高敏感的我對突然失去自由非常難受，以為可以從女友身上得到安慰，事實證明，並無法。多年後我才意識到，對方也剛踏入職場，水深火熱，說不定比我更加辛苦。

我在電話裡，一言不合，又因為時間限制，三分鐘能講的話有限，好話不夠說，壞話很容易，我就說，那分手好了。

沒聽到對方回答，嘟，時間到。

對，我就是那麼白痴。現在問我，一定不會這樣。

但，我還不是順利地來到現在了？

不會怎樣的，但那時可不是這樣，那時難受死了。

雖然我們（就是現在的我和以前的我）不會得到任何教訓，但，總可以得到一些，嗯，建議吧。

## 《FRIENDS》

有興趣的話，可以回頭看看當初我們學英文聽力的影集《六人行》，想到那時在電視下面貼上膠帶擋住字幕，就覺得好好玩。這部從我大學一年級開播的影集，時間久遠，連續十季後收播，卻也在不同人的生命裡有角色。更好玩的是，在不同的生命階段可以有不同的體會，你現在可以在Netflix上看到，我還有朋友說她搭飛機，如果不知道要看什麼時，就看《六人行》。

《六人行》的第一季第一集，羅斯初次登場，就是前妻把東西搬走了，難過的他在劇中的第一句話，就是說他感覺「自己被人從伸手進去喉嚨拉出了腸子，扯出來後，在脖子上綁了一個大死結」，多麼精確的描寫啊！那種打內心深處被掏空，極度空虛到幾乎要窒息的感覺，不是你我都有過嗎？

然後，一旁的好友聽完，就問羅斯：「要不要吃餅乾？」罐頭笑聲響起。

我很喜歡這橋段，看似荒謬卻又極度貼近現實，朋友不會幫你解決問題，但朋友可以陪你度過問題，儘管是用很無用的方式。

朋友很重要，但朋友也很沒用，可是沒關係，世上多數重要的東西都不一定有用，有用處的東西，很抱歉，許多時候也不太重要啊。

不過，如果可以重來，我會跟自己說，我和朋友們不必去ＫＴＶ唱歌喝醉，我們可以聊天，或者直接喝醉。

因為真正重要的是聊天，而不是唱歌，我們可以像《六人行》一樣，在家裡的客廳，安全的享受酒精的效果，卻減少酒精帶來的風險，避免酒駕發生比失戀更慘的意外，或者酒後和隔壁包廂另一個失戀的人起衝突。

還有，在自己家的客廳，也會減少被陌生人撿屍的可能啊，至少你的朋友也不用費力地把你扛到計程車上，也不必付因為嘔吐可能產生的兩倍車資。

最重要的是，你真正需要的是朋友，而不是把自己的錢花光，更不需要的是，讓自己在脆弱時被各種形式的掠奪。

## 坐計程車司機旁邊

我曾經有一個很白痴的經驗。

我搭上計程車，跟司機說，我可不可以坐你旁邊？司機說，啊？

我說，因為我剛分手。

他問我要開去哪裡，我說你就直直開，不要撞到牆壁。

夜裡，風吹著，一路上，我就隨口說著，他噢噢噢的回答，中間夾幾句他自己的戀曲一九九七。奇怪的氣氛，兩個陌生的男人，在一段沒有目的地的旅程裡前進，他的頭髮有點凌亂，因為被車窗外刮入的風吹動，我的頭髮不被吹動，因為我在當兵，頭髮很短，但心裡確實有些東西被丟出去了，並沒有什麼太大改變，但不知為何，清爽了起來，風城的風，不再那麼讓人難受。

終於，我說好了，我要下車了。下車後，我把一些東西留在車上。就留在車上了。這樣我身上輕一點。

跟陌生人說故事的好處是，比較不會有當事人隱私的問題，可能對某些人來說，也因為不認識傾訴的對象，更容易說出自己心裡的苦處，適合職場強人。對那位陌生人而言，因為涉入不深，情感上的波動也沒那麼強，負擔不會過重，在可接受範圍內。

當然，不建議大家都跟我一樣選擇計程車司機，尤其是女性，在深夜。

你可以選擇同性，比較容易理解你的苦處，也許在咖啡館，也許在書店，也許在餐廳。最好可以挑選那種因為工作關係，長時間被綁定在某特殊場域的人，可以想像他們因為工作關係容易感到煩悶，你的小故事，正好也替他們解解悶。

重要的是，你好受，對方也不會太難受。

## 救援運動

這裡說的救援運動，是運動可以救援你。

運動絕對是相對好一些的救援，比起許多不可控制的外界因素，因為你可以自己決定要不要去運動，但不太能決定朋友是不是要半夜一點接你電話。你更不能每天去錢櫃唱歌，問題不在聲音會沙啞，而是荷包會空虛，一如你的心。

幾乎所有運動帶來的都是利大於弊，還有它的成本不會過高，都傷心了，就不要傷財吧。

最重要的是，運動帶來的好處真的很多，尤其情緒有狀況時，不管是跑步或游泳這些個人運動，或團體競技，比方打羽球、籃球、桌球，都是超棒的解藥。

因為你不專心，你無法運動。

當你專注，把focus調整到眼前正在使力的運動時，你會開始痊癒，並且因為大量的運用身體，你會變得強壯，同樣也強大了你的心靈。

我每天跑五公里時，就可以擁有近半小時的純淨時光，因為我每一步都得要用力，都得很掙扎、很喘的才能再邁出下一步，那讓我可以學會相信我自己，相信我可以好好地靠自己的力量前進，不必依賴誰。

因為誰再愛你，你還是得靠自己的腳前進，你再愛誰，你還是得吸吸呼、吸吸呼，費勁的往前。

你知道，關係中的低聲下氣、忍氣吞聲，都不是正常的呼吸方式。

你應該，好好的靠自己呼吸。

## 創作型的你

我知道有個人被女友分手，很難過，就拿來寫東西，寫一寫，再譜個曲，發個專輯，就賣超好的。

然後呢，就抱走葛萊美獎「最佳新進藝人」和「最佳流行合唱組合」，及Billboard音樂獎、MTV音樂錄影帶大獎、MTV歐洲音樂獎、世界音樂獎等六項樂壇大獎。

真是超棒的。

因為你有情緒嘛，平常老闆要你做東西投入感情，實在很困難，因為你根本不想對他用心，可是失戀不太一樣，你不是向對方用心，雖然看起來像，事實上，你是對自己用心，而對自己用心的人，很容易引起共鳴，因為通常是真心的呀，不是假裝真心。

你說，我又不寫歌，噢，但你識字啊。

你可以寫文章，你可以寫小說，你可以寫詩，反正，你就用你的方式創作，你當然可以是作者，這個你過去還沒擁有的身分，你的讀者可以只有自己一個人。

不過，記得所謂的創作，還是應該跟真實環境有點距離，有點創造的成分。鉅細靡遺地把細節陳述出來沒有什麼不好，不過多少有點無聊，何況不就是要把那些忘掉嗎？你弄一個紀錄片給自己看幹嘛？當然要弄一個虛構的喜劇片，再不然驚悚推理也可以。創作是為了忘卻，總之，保持距離，才有娛樂感。

你說，我又不是作家。不要擔心，這從來就是假議題。

卡夫卡也是一邊當他的律師，一邊寫小說當作娛樂，過世後才被人家拿來出版的。

喔對了，我前面說的那個寫歌的朋友，是魔力紅（Maroon 5）的主唱亞當・李維（Adam Levine），那張專輯叫作《About Jane》，命名來自他和《Vogue》編輯珍・赫曼（Jane Herman）分手的戀情。亞當有個不為人知的小事，他從小被診斷為注意力不集中，甚至在寫歌上也很難專注，因此那次分手，讓他可以專注在單一議題上，讓他可以安靜地創作，這張專輯，可說是一個不成功的戀情的祝福。

要是剛好你的工作跟創作有關，那更別拒絕這個好禮物哦。

## 學東西

你知道，你的時間一下子會多出許多，你不必準備接誰的電話，更不必等著去看電影，也不必在餐廳外排隊半小時等吃飯，你多了時間，真的可以拿來學東西耶。學平常覺得沒空學的，學平常因為要陪伴誰所以無法去學的。

你可以去上瑜珈課，把很久沒伸展的身體拉開來，說不定身高還會增加一公分，平常被壓抑久了嘛，至少把那些壓力給釋放掉；也可以學個樂器，也許吉他，也許烏克麗麗，當然酷一點的像小號、小提琴更好，因為比較難，學會以後就會更有意思，我的意思是說，光拍照看起來都比較厲害。

總之，盡量選一些必須要專心認真的，讓自己投入心思，讓自己可以在學了後，明顯地和以前不一樣，那可以適度地轉移焦點，甚至讓自己成為別人的焦點，雖然後者不是必要的，不過，有時成為焦點是創造新關係的方法，而如你所知道的，新關係當然是解決舊關係的好方法。

在學中，會讓你有成就感，得到新東西，解決那些因失去而來的失落感。

## 關於旅行

很多人在失戀後會選擇一個人去旅行，其實，說不定不是太理想的選擇，因為旅行中有許多時間你必須獨處，必須要等候交通工具，在等的時候，除非你有很好的閱讀習慣，不然你一定會胡思亂想的啊，那不是主動讓自己陷入自怨自艾嗎？

當然，去見見新事物，換換新環境，是一件非常棒的事，不過，要小心一件事，當你沒有覺得自己很棒，你就不會覺得自己所在的地方很棒，那花的旅費，很像浪費。

當然，如果你有一個目標，那就不太一樣了，比方說，要去認識新的人。

去新的地方當然會認識新的人，那當然可以帶來新的生命經驗，絕對是值得的。只是也要小心一件事，你需要的是新的生命經驗，不是新的伴侶。

當你把目標設定為找到新伴侶時，通常對人的標準會降低許多，也比較會做平常不做的事，可能的風險也會增加許多。最重要的是，你應該變更好，而不是變更差，那你降低標準找更差的人，是在給自己找麻煩嗎？

這樣說好了，長期穩定的關係都無法維持了，你再弄一個明知超短期的，不是不合邏輯嗎？

你要的是新生命經驗，讓自己成為新的人，不是在旅行中找到新的人。這很不一樣，是吧？

當然，如果你有一個旅行目標，那就不太一樣了，比方說，要寫一本旅行書或者旅行專欄。如果是有目標的要寫一本旅行書，或許事情會發展得不同，因為這時的你，有了一雙不一樣的眼睛，你看事情會更加敏銳，看每家咖啡館會更有感受，你會放大感官的幽微處，並且從中挑出能夠打動其他人的好物。

你是來旅行的，就好好旅行，專心很重要，你就是為了好好專心才來旅行。

你要想，我真棒，我可以來這麼棒的地方，感受這麼棒的經驗。

我棒棒。

## 保持健康，保持聯絡

最後，我可以給自己最好的建議，可能還是這個，保持健康，保持聯絡。

直到近幾年我才意識到，情再重，都沒有健康來得重，不管多喜歡什麼，死掉就沒有了。死掉才是真正的失去，當你不再健康，你也不會有力氣有感情，你只會想活下去，你那時愛的只會是自己。

回想一下，上次自己重病的時候，是不是這樣呢？

跟自己保持聯絡更是重點，很多時候，我們都只想要取悅別人，想著對方喜不喜歡我，可是都忘記問，自己喜不喜歡自己，這才是最終極的問題。

你不喜歡自己的話怎麼辦，那比誰不喜歡你都還恐怖呀，更別提，不喜歡自己的人，說不定也不太會被人喜歡。

只是，我們都太少跟自己保持聯絡了，總是追著世界的尾巴跑，忘了自己的喜愛，忘了自己想成為什麼樣子。

不如趁著這個難得的假期，我是說，暫時不必過分擔心別人的喜惡，暫時是個孤獨的個人時，宛如放假般，就像我們以前看的日劇《長假》，只是這次，你要好好愛的對象是自己，好好和自己聯絡一下感情，想想看自己喜歡的事，做自己喜歡的事。

讓自己保持健康，跟自己保持聯絡。
至於其他，
都相堵得到。

願，跟你說

「把拔，你想可愛又漂亮嗎？

「嗯，還好耶，我可愛呀，
你那麼愛我」，繼續看書

「你要漂亮才好呢」

語畢，在我左臉頰
多了HELLO KITTY貼紙。

## 彎腰，看書，撿石頭

### 真的，讓自己開心

我不太愛假東西，尤其是給自己的。對真心喜歡的東西，總想用真心去拿，因為平常對別人要求我做的事，我都勉強自己了，對自己喜歡的，怎麼可以輕易放棄？那我就成了只會欺負自己的人了。

我喜歡的推理小說家約翰·哈威（John Harvey）筆下的芮尼克探長，整天晃來晃去，擔心被害人的下落和自己的體重，深夜裡煮尼加拉瓜咖啡，和四隻用爵士樂手名字命名的貓一起聽爵士樂，然後被上司罵完，就去自己的辦公室，吃熱量過多的三明治，每個下屬都跟他一樣，有自己的問題，卻還得解決別人的問題。

書裡的人物在他們的生活裡煩憂著，某種程度，讓我們理解我們不是唯一有困難的。

困難沒那麼了不起，你可以跟他說，你沒那麼特別，別人家都有一個你。我們都有問題，但也都要面對問題，就像書裡的人物一樣。

我解決問題的方法有兩樣，就是運動和看書。

其實這不是解決問題，而是讓我快樂的方法，因為只要我快樂，那問題就不太會是問題，反正任何事都會不順利的順利完成嘛，那就，高興就好。

真的，要讓自己開心，因為不開心的，很多很多。

**跑去書店**

為了節省時間，我通常會跑步到書店，這樣可以一次得到兩樣我喜歡的。

而且我買書通常得買偶數本，回程才能保持平衡，你知道的，因為我有兩隻手，你看，我得這樣前後擺動，所以兩隻手的重量得接近，不然很尷尬很不自然。所以找到一本書，就得自行「買一送一」，挑到三本書，就得無條件進入法，再挑一本。

我會想著，今天要跑往南崁小書店，或誠品書店，也或者是巧巧屋，而因為書店所在的位置不同，也決定了我那天的跑步路線，讓很怕重複的我，可以享受不重複的跑步樂趣。一次五公里，大約二十五分鐘，再加上巡書、挑書的時間，還有視情況跟書店店員聊天的時間，通常會花上半小時多一點點，這也是我每天最快樂的時光。

我發現，書店是最真心的地方，不光是因為會做書店的人，多半真心喜愛書，也因為書店裡的書，都是被用一顆顆真心寫成，在這虛妄時代，真心難尋啊。

但真心也不遠，就在書店。

我真心覺得，大家都可以試試，跑去書店，真的，讓自己開心。

## 安全感的來源

後來，我發現，這還成了我的安全感來源。

當我知道我可以做這兩件事，而且我做這兩件事一定會快樂，我就不必那麼害怕這個殘酷的世界。

和客戶開會時，我不必過度地挑選美麗的詞彙，也不用過分地去揣摩對方的意旨，可以安心地盡我的本分，認真地提供對方我認為對他最好的建議，我可以好好做好我的工作，不用過度害怕做不到這筆生意。

因為我知道就算對方不認同我提出的idea，這筆生意做不成，我們還是兩小時前還沒進入會議的狀態，對方的錢還是對方的錢，我還是原來的我，我不必失望。

就算過程不順利，甚至有爭執，也不必太害怕衝突發生，因為我知道就算我當下心情不好，我等一下會好，因為我可以去跑步和看書，這兩樣都不必花我很多成本。

這兩樣都不太花錢，卻可以帶給我最確切的快樂。

我可以挑一本書，三四百元，就可以帶我去另一個世界，不但逃離還是完全逃脫計畫，任你天羅地網，我都可以輕鬆如亞森羅蘋，你知道的，逃避雖然可恥但是有用，有這麼好的逃避現實方法，我真心感謝。

跑步更是不太花錢，接近零成本，大汗淋漓，不但可以排出重金屬等有害物質，也可以把情緒上的髒東西隨著汗水排出體外，跑完後喝個水洗個澡，就是爽，我就是另一個人了，一個快樂的人。

我再怎樣難受、不開心，這兩件事幾乎都可以解決，都可以處理，而且這兩件事，我都很有把握，我可以做到，我唾手可得，我不用怕為了得到快樂，要付出很大的代價。

從此以後，我講話並沒有比較大聲，但可以真心，那讓我感到安心。

有趣的是，我多數的客戶，因為我的真心，更加喜歡我的作品，我的作品也似乎更加像個作品了。

## 紅氣球書屋

那天，我從臺北開到臺南，隔天還要開到恆春，去臺灣最南的書店——紅氣球書屋做個小講座。一個人長途開車實在太無聊，我得一邊聽著超脫樂團（Nirvana），一邊大聲跟著唱，等到了臺南，我都快燒聲了。

為了避免重蹈覆轍，讓恆春的聽眾以為我是菸嗓，我邀了小說家黃崇凱跟我一起，一路上有個伴，說說垃圾話，路就近了。

沒想到，颱風來襲，一路上又風又雨，但也時雨時晴的，讓我難得見到恆春半島的烏雲密布、風情萬種，不同於過往印象中的豔陽高照。

屏鵝公路確實優美，雖然天氣不佳，可是那海面翻騰，顏色變化萬千，淺藍深藍青綠雪白揉捻在一塊，比臺灣政壇協調許多，真的讓人心情開闊起來。我們經過了彩色大恐龍，還有一座座擺在路旁彷彿樣品屋販賣的各式大小尺寸廟、金爐，終於在雨刷的認真工作後，抵達書屋，而且這時剛好沒雨，我大開心，哇哈哈。

請教書店主人哪裡可以停車，他說這附近都可以，就現在停的位置不優，我說為何，他說你看上面，有一條電線，鳥都會站在那裡。

「然後呢？鳥語花香不錯呀。」我說。

他說：「可是牠們都站在那裡，大便。哈哈哈。」

把車從鳥的廁所移開，我馬上要做我最開心的事，畢竟，三百六十多公里的疲勞正在我的肩膀，一定要好好跑一跑，我可沒有在恆春半島跑過呀。而且我平常都是跑去書店，把書店當折返點，從沒有把書店當作起點，真的好興奮。

我換上運動服、跑步鞋，跟書店主人說那我要去跑步囉。

然後雨就砰地一聲，爆炸了，在我面前，簡直是緊跟在我的句子後。

我只好嗚嗚嗚，忍耐著，尋求下個跑步的機會。

## 龍捲風般的情緒

就在書屋的後方幾步路，有個藝廊，進門去，桌上一行秀麗的手寫字「你太白了，去晒太陽」，我好奇地問藝廊主人，這是什麼啊。

他爽朗的笑，帶著得意的語氣說，哦，是給我去外地讀書的女兒的。她放假回來，我說你太白了，去晒太陽，不然不像我們恆春人，哈哈哈。

他的笑聲，讓我好喜歡，想著以後也要這樣跟我女兒說。

我們要去吃晚餐時，狂風大作，暴雨狂毆，書店主人要我們拿書店的愛心傘，結果有一兩把打開時，似乎有點故障，書店主人笑笑說，因為這裡是恆春，四季如春，很少下雨，所以傘很久沒用，壞了也都不知道。

我們聽了都大笑，原來，這是個特別的日子，我們在這奇妙的時刻來到很久沒下雨的恆春。

到餐廳，幾步路的距離，我們就全濕了。

我跟書店主人說，今天颱風天，又是星期一，我猜，晚上不會有讀者特別來書店的，你不要有壓力，要是到時沒人，我們就聊聊近況，不用刻意。

書店主人看著我，微微一笑說，剛看新聞，今天不只颱風，還有龍捲風。

沒想到，等我們再度踏入書店時，整個書店都擠滿了人。

我說，哇啊。

書店主人說，在我們屏東，登記說要來書店的，就一定會來，沒登記的，也一定會來。

我看了窗外風雨交加，屋內卻平靜無波宛如避風港，黃色燈光下，滿室的書，人們聚在一起，很感動，更覺得奇妙，我們素昧平生，一輩子不容易有交集，卻因為書成為了朋友，這實在太神奇。

我一如往常地胡說八道，中間也仔細留意書店主人，看他有沒有做出手勢，要我罷休，眼看都沒有，便繼續講下去，畢竟我開了幾百公里來，未來，也不知道還有沒有機會看到眼前可愛的人們，就把肚子裡的垃圾話都說出來吧。

沒想到不只嚴重超時，還接近我從臺北開車下來花的路程，足足講了四小時，直到夜裡十點半。

夜已深，感到抱歉的我，問了幾位讀者，好幾位是從遠方來的，騎了好長一段路，你知道屏東很大，是臺灣最大的縣哪。有位女孩，從山裡騎機車來，花了四十幾分鐘，我緊張地催她快回去，不只是因為明天還要上班，更是因為山路綿長，夜裡怕不安全。

我趕著她出書店門，夜裡，星星出來露臉，她戴上安全帽，遞給了我一張小卡片，說謝謝你來。

我語塞，說妳快走。

其實，我要說的是謝謝，但說不出口，怕說了，會流淚。

龍捲風很強，我那當下的情緒，也是龍捲風等級。

書帶動的心意，強大無比，值得紀念。

## 宮部美幸三姐弟

書店主人跟我說了個小軼事，他去彰化一戶人家收書，開了幾百公里，載了滿滿的書回家。

原來，那戶人家有三姐弟，大學都分別出外讀書，也在專業領域有所表現，都拿到師級證照，一家三師。因為都在異鄉闖蕩，彼此只在年節返家，終於有天各自返鄉，帶著在外生活的家當，搬回老家。

結果，家鄉的老父親看了大笑，原來，三個人，分別買了相同的書，而且不是一本，是上百本，搞得家裡書滿為患，只好請書店主人去收。

我聽了大笑，我說，那你知道我和我老婆為什麼結婚嗎？

他說，為何？

我說，其中有個原因是，為了環保。

因為有一天我發現，我們的閱讀興趣相近，兩人各自的家裡都有一樣的書，我說，為了環保，不如結婚吧，這樣我們只要買一本。

重視環保、勤儉的對方，就這樣從女友變成我的前女友，現在的老婆。

我說那三姐弟的書呢，在哪裡？

他一指，我如獲至寶，好齊全的宮部美幸呀，我咻咻咻地一下就從那高高的書架取下五本，那五本還是現在市場上都絕版的，我實在好開心呀。

那晚我窩在床上，翻著好不容易到手的宮部美幸，想著這書跟我一樣，也旅行過好幾百公里，從臺北到彰化，再到恆春，而我從臺北一路開下來，來到恆春與它相會，再把它帶回臺北。

若從這本書的觀點來拍攝，會是怎樣的一部公路電影呢？

裡頭又有多少喜歡書，被書迷惑、被書安慰的人們呢？

## 彎腰，撿石頭

當天夜裡十一點多，我原本已經回房，卻實在耐不住一天沒跑步，換了運動鞋跑步服下樓。

書店女主人和小幫手正站在大門外，看到我嚇一跳，說你要去跑步噢？

我說，「對，那你們在幹嘛？」

她們說，我們在外面看書店。

原來，那是這位來打工換宿的書店小幫手在書店幫忙的最後一晚，過了今晚，她就要回家了，她想要用眼睛把書店記下來。

我聽了，心頭好暖，但又說不出什麼話，襯得上兩人望著書店的閃閃發亮的眼光。

我只好說：「那我要去跑步了。」

小幫手說：「會有野狗哦。」

「啊？」

「可能會咬人哦。」她說。

我說：「不怕，只要彎下腰來，牠會以為你要撿石頭丟它，就會嚇得逃走。」

「真的假的？」

我說：「真的啦，我試過很多次。」

我就去跑了。

雨就開始下了。

我想，管他的，雨就陪我跑下去好了。

我在大雨中沿著恆春古城牆，穿過黑暗中發光的巨大鋼鐵坦克車，痛快地讓全身分不清雨水汗水，享受恆春難得的傾盆洗禮。

然後，遇上，一群野狗。

牠們狂叫著衝向我，兇惡無比，衝向這落單的傢伙。

我嚇到了，被這一大群圍攻，咬起來，恐怕要送急診，最近的醫院不知道在哪，依我過去出事的紀錄，一定會給書店主人添麻煩。

我想起，彎下腰，但黑夜裡，看不清楚，仔細看，地上也沒有石頭。

慘了，我心想。

沒想到，野狗們就在帶頭的一個快速回身，轉向，全部一起，往遠方跑走了。

我繼續我的恆春古城牆旅行。

幾近完全釋放的五公里後，回到書店門口的我，站在鳥慣常大便的電線底下，看著這個白色的書屋，在黑暗裡，發著光。

筋疲力盡的我，彎腰拉著筋，心頭還為了剛才被野狗追，正快速跳動著。

我想，就算他們說人們不再看書，環境惡劣無比，我們還是可以彎下腰來，撿石頭。

就算地上沒有石頭，野狗也會遠去的。

# 時間一定覺得我很煩，因為我一直在弄它

## 1. 覺得「時間」是什麼？對時間的想法有改變過嗎？

時間是歸我用的，才是真的時間。

我是個每天都會喊來不及了來不及了的人，但我很多時候都很悠閒。我盡其可能地多做些有趣的事，並盡量不做我覺得無趣的事。這讓我變得有點奇怪，看起來很忙，但又不是真的很忙。我看來似乎對這世界滿不在乎，卻又斤斤計較，如此矛盾。我願意把時間給在乎我的人，並很在乎我的時間被別人用去，因為我只剩七千多天，如果活到我父親的年紀。

還有，我最近發現，原來我從以前就得每天給自己2%的時間，好讓我可以修

復，我需要時間獨處，不管是運動或閱讀，總之，我就是每天都得要有，不然就會覺得很累，很沒有創造力。

**2. 如何規畫現在的生活？像是每天的時間安排。**

早上七點五十起床後送願去學校，之後煮咖啡吃早餐看報紙，大約一個半小時。每天一定要運動半小時，也許跑步五公里或者游泳一公里，再搭配重訓，或者高強度間歇運動。然後或許開會，或許想東西，或許拍片，或許寫東西。通常行程在三點前結束，好讓我可以去接願回家，然後聊天，搭配散步。晚餐後看電影，通常八點五十分上床，讀書，讀書給女兒聽，讀書給自己，直到睡覺。

**3. 在生活中，願意投入很多時間做的事情，以及在做這件事情時的感覺。**

閱讀可能是我很願意投入最多時間的，我幾乎每天都逛書店，幾乎每天都看書，兩件事都帶給我很高的爽度，都讓我有種放自己去旅行的感覺，卻又沒有旅行時在新環境裡的不適應感。

可以隨時看，就算是塞車，就算會議的對象遲到，我也可以好整以暇地拿出書來看，不至於煩躁不安，書帶給我安全感，我隨時可以逃入那個空間，進行一場時間逃離。

運動則是可以讓我擁有自信，相信自己可以靠自己的力量前進，或後退。

哈哈哈哈。

顧，
跟你說

顧常在說故事，我很常偷聽，有時偷抄下來。

一回，她拿著法律扶助基金會的本子，在探險著

她說，「有地圖，就不會怕遇到迷路」

我自顧自地插嘴，「對」

她看了我一眼，繼續說，

「遇到麋鹿，就摸摸它下巴」

# Part 2

# 我與
# 你和他

# 迷迭香和牡丹

## 異樣的世界感

晚上九點時，我突然覺得眼睛無法對焦，看不太懂字，而且是突然發生的，感覺有點像是人家說的老花，可是老花會突然嗎？有這種老化嗎？我揉揉眼睛，沒有改善，有一種異樣感，沒有異物感，但深深覺得眼前的世界不太一樣，有點像是隱形眼鏡只戴一隻時，非常奇怪，我還特地跑去照鏡子，確認自己眼睛裡沒有一隻隱形眼鏡。

右邊腦子後方有一點疼痛，但比較困擾的是，還是看不太懂世界，我就跑去睡覺了。

但我睡前得看書，所以我還是試著看看，但看不太懂，是今年三十七歲、中文初版的《尼羅河謀殺案》，我前幾天在臺中的黑輪舊書攤買的，三十元。這本書的書頁已是黃色，搭著活字印刷，我喜歡的老傢伙。

我只知道主角是白羅，昏沉中，就把檯燈關掉。

後來，我醒來，而且很清醒，看四周，一片黑暗，沒有任何聲音，昏眩感消失，眼睛可以對焦，思想清楚無比。

我猛然想起，稍早，晚上九點前，眼睛無法對焦之前，我正在讀一本科幻小說《記憶的玩物》。

於是起身，發現桌上鬧鐘是凌晨一點半。

於是再次拿起那本讓我無法對焦的科幻小說讀，讀完時，是凌晨四點。

是那種你可以一次就讀完的好書。

然後我現在，不確定我在哪一段記憶裡。

但我大概知道了。

其實，我們都在討論愛情。

只是愛的是別人，還是自己？

你有答案時，跟我講，如果你找得到我，在這段記憶裡，麻煩你。

## 在一起，再一起？

書裡的主角因為女兒意外身亡，難以承受的悲痛，讓夫妻離異。但因緣際會之下，女兒被改變了命運，沒有在年幼時遭逢意外。沒想到幾年後，這對夫妻依然無法繼續，在孩子長大離家後，兩人協議離婚。

男主角這才意識到，也許兩人的緣分就是這麼短。當然，外國人不是用「緣分」這個字眼的。

過去誤以為是因為孩子離去，而使兩人無法繼續，卻在另一段重來的人生裡才意識到，孩子是個藉口，讓彼此方便分開的理由。

也在下一段人生裡，他才能跟前妻坦承，自己其實曾經非常喜愛對方，但不知道從什麼時候開始，找不到共同話題，坐在一起卻又不在一起，看著對方，卻又像是看著荒漠，不知道要做什麼，只是乾枯。

但，真的曾經是快樂的。

前妻說，我一直以為你很討厭我，很希望我去死，所以，我就也對你不客氣，沒想到，我們這些年就是在互相傷害。

然後，兩人重拾許久未見的和平，在女兒的生日裡相聚，用餐、用心，並再次分開。

原來，兩人的關係終究得是清淡的，終究得是兩條線，只在每年女兒的生日那天交會，並各自繼續往世界的另一個方向前進。

## 幾世的情人

奇妙的是，在他原本正常人生所岔出的歧路裡，他遇上了一位一百多天後就要死去的女子，反而在頹廢潦倒悲慘的中晚年裡，談上了戀愛。

他們面對了世界末日要拯救，於是，被迫得在一起相處，而對方從一個他追查案件中的當事人，成了他人生的當事人，雖然只是短短的幾天，最後，甚至成了他死亡的見證人。

更有趣的事發生了，為了尋求對世界的最佳解，為了挽救人類不要死於核彈浩劫，不要每個人都在高溫底下蒸發，在高輻射下皮膚潰爛焦黑疼痛到死亡，他們有個機會，但是得回到過去，好試著用不同的方式，改變未來。

於是在下一個人生，女生帶著這一次的記憶主動去接近男生，在比這一次早三十年的時候，在兩人二十歲的時候，她主動去接近，接著成為夫妻，一起生活了三十年，然後在那決定性的一刻來到，發現他們的努力失敗了。

在肉體死亡的前一刻，女生問男生：「那你還要不要跟我再試一次？」

再試一次，意思是再用別的方法，但代價就是兩個人得再做一次夫妻，再經歷四、五十年的時間，只是可能選擇用別的方式，而且不知道會不會成功，直到人生最後的那一天。

故事在這裡，變得充滿了詩意。

我讀著讀著，這本科幻小說怎麼到後來成了愛情小說？在凌晨三點多，我的眼睛酸澀。為了找出其他可能解救世界的方法，一試再試，兩人從亞利桑那州的沙漠，隱姓埋名四十多年，到蘇格蘭的偏僻無人煙海邊隱姓埋名四十多年，再到南極洲零下六十多度隱姓埋名四十多年，一次又一次……

他們加總起來，做了近兩百年的夫妻。

你知道嗎？最難的事不是再來一次，而是只有一方帶著前一段人生的記憶，另一方是不知情的。

我想了一下，到底哪一方比較痛苦？

是知道對方現在很帥氣，可是幾年後必定要帶著大肚腩，晚上睡覺呼聲比電視聲還大，然後髮線必然往後倒退，而你看在眼裡，卻仍得說愛他？

還是，一無所知，死命地對付著日常生活的無趣，彷彿最傻的傻，直到最後的最後，全部的記憶一次回來？

但是，更想要想的是，如果可以選擇，你要嗎？不管是做哪一方，你要跟這個對方，做對方嗎？

那不是跟自己作對，而是想要做對。

他們一次又一次的久別重逢，在外國人沒有的說法，在東方有，就是幾世的情人。

## 辨識真情人

我想著，怎麼那麼有意思，後來想到，不對，那你怎麼知道你眼前的，就是那個你要面對幾世的人呢？說不定這個眼前的人是你該早點從眼前挪開，好讓你去見到你真正該見的人？

不是說在愛情裡，不要騎驢找馬嗎？因為真正的好馬，不會要一個正騎在驢子上的人。

這樣說來，真有點沒完沒了。

你該怎麼知道呢？

我不知道。

後來想起，幾世之所以有幾世，就是因為有一些事，這世沒搞定呀。如果天下太平，那他們可以不需要再重來了呀，這也好東方哲學噢。

真的，比起以前大學讀書時一直不熟悉的「連動債」，我想大家應該比較擔心「相欠債」。

怎麼辨識真情人？這題實在太難了。有色彩辨識能力異常的我，連如何找到生命的彩色，都辨識困難。

但其實大家，都是。

我想起一個朋友。

## 從困難中分心

我的朋友美豔高挑，身旁不乏追求者，她也不輕易答應追求，畢竟，自己是個獨立的個體，不只難得，更是難能可貴。

她有一個孩子，是前段婚姻裡的。見識過婚姻的麻煩的她，不會輕易再讓自己陷入那麻煩裡。

我也想起另一個朋友，他喜歡上一個女生，女生美豔高挑，追求者眾，並且有一個孩子。

還沒有孩子的他，應該也看出孩子總有些麻煩，何況還不是自己的孩子，光想像都有點麻煩。

我想像，他們一定有很多疑問。

後來，他們兩個結婚了，並沒有從此就幸福美滿，但我看到兩個人都很知足，很知足的面對每天的挑戰，面對孩子，也面對後來兩人生的孩子，更面對每天的歡笑和隨之而來很多很多的記憶。

朋友們都很羨慕他們。

朋友們都喜歡他們和他們的孩子，是很美麗的故事。

我想，人生依然難熬，只是對方身上的什麼，讓你從困難中分心了。

## 好熱，好熱，好熱情

那天，女兒很無聊不知道要做什麼，在咖啡館裡一直說爸爸我們來玩國王公主遊戲，我問那是什麼，她說就是跳舞。

為了避免我自己腰痠背痛，同時打壞店裡的東西還要賠錢，也為了讓妻可以好好跟友人聊天講老公壞話，我說，那我們去逛花市吧。

我們走向花市的路上，好熱，一路上，女兒唸著到底到了沒，怕熱的我更是一直罵自己，到底為什麼要離開有冷氣的咖啡館，就算是玩國王公主遊戲，就算是奇怪的跳舞，就算丟臉，至少還是在冷氣房裡呀。

我責罵自己，想著自己為什麼總在人生的關鍵點，選擇錯誤，我這充滿錯誤的人生呀。

走進花市，其實還是很熱，但不知為何，我們很開心地對著每個攤位驚呼——

「哇你看這個。」

「把拔這是什麼花？」女兒發問著，我就得趕快看那上面的牌子，唸給她聽。

偶爾會遇到不同的狗從我們面前走過，我們會互相提醒，「有狗耶，你看牠，好可愛。」

兩個人湊過去，讓狗從我們身上蹭過，讓尾巴從我們腿上掃過。

我們不再提很熱，也忘記很熱了。

天氣一樣很熱，無聊的女兒面對的還是無聊的我，可是我們很快樂，只因為現場有花，有草，你的眼睛被滿足了，你的心被充滿了。

困難依舊在，只是你稍稍換心態。

**迷迭香和牡丹**

我想買盆迷迭香，從進入花市的第一攤就有，但我想說，再逛一下，也許有更茂盛的，也許有更便宜的。結果全部一百多攤逛完後，我沒有把任何一盆迷迭香帶回家。

我帶回家一枝粉紅色的牡丹。

我其實不愛花，總覺花跟我不搭，花太美，花太嬌貴，花太不實用，花到底能幹嘛？花跟我唯一的關係就是沒關係。和妻結婚的原因之一，就是她的想法跟我一樣。我從不送花給她，她也交代千萬不要買花給她，她會生氣。

那為什麼我竟買了一枝花呢？就算要買花，應該也要是一盆花吧。

因為女兒說她要，我好說歹說，拉著她離開，又走了十幾攤，她又跟我說：「爸爸，我們回去看剛剛的那個花。」

我說，「妳看仙人掌好可愛，而且它很勇敢，可以活很久。」

「不要。」

「妳看這個盆栽，真是好看，感覺放在我們客廳裡，一定心曠神怡。」

「不要。」

「那妳要什麼？」

「把拔，我想要那枝花，那枝粉紅色的。」

我們走回那攤，又來回看許多其他的，她還是堅持那枝花，一看價錢，五十元。

我想了一下。

「妳確定妳很想要？」

「我確定。」

「妳確定不看看其他顏色的？還有別的哦。」

「我確定，我很喜歡它。」

後來，我買了我將近十年來，甚至可能是四十年來的，第一枝花。

我又說，「那妳買了一枝花，我也可以買一盆迷迭香。」

我找到一盆很茂盛的，價錢也很合理，一百元，蹲下仔細看，盆子還很高雅，米白色鐵桶，走的是歐風，上面文字也挺優雅，擺在家裡，決不至於破壞裝潢風格。

「你確定你很想要？你確定你真的需要它？你確定你很喜歡？你確定你沒有它會很難過？」女兒牽著我的手，流暢地問了我幾個問題。

我爬起身，牽著她的手，走出花市。

就在快走回咖啡館時，剛好遇到一個紅燈，路口有位警察正在站崗。

我跟女兒說：「妳準備被媽媽罵了，哈哈哈。」

她問：「為什麼？」

我說，「因為妳亂買東西。」

女兒開始說明，「沒有哦，我沒有亂買，我是真的很喜歡，這是我的選擇，我可以為我的選擇負責，我覺得它真的很美，它讓我很快樂……」

警察站在大太陽下，聽我女兒一直說，轉頭看著我，微笑。

大太陽下，我發現，我喜歡的是我女兒，勝過迷迭香。警察也發現了。

我發現，也許有一天，你會遇上這種狀況，那你可以像我女兒一樣問問題——

你確定你很想要？你確定你真的需要它？你確定你很喜歡？你確定你沒有它會很難過？

我發現，也許有一天，你會遇上這種狀況，如果你也可以像她一樣回答——
我是真的很喜歡，這是我的選擇，我可以為我的選擇負責，我覺得他真的很美，他讓我很快樂……

我想，一切應該都還好。

# 理想的伴侶？

這篇文章我竟然寫了兩次，這對平常垃圾話多的我來說，很是不尋常。因為我想，我不是個理想的伴侶，所以在寫的時候，言不由衷。

後來我又想了想，說不定，誠實為最上策，與其假裝專家，給一些自己根本就不相信的建議，還不如講些自己恰巧遇上的，那還比較有點價值，不會浪費讀者時間。

我爸在我要結婚前跟我說，要找聊得來的，因為你遲早會老到只剩下嘴。那時不懂，現在好像有點明白。

**比假新聞還真心**

我認識一對夫妻，夫妻倆性格不同，太太強毅冷靜，一張臉總無表情，先生柔軟溫暖，這輩子沒跟人爭執鬥狠過，夫妻吵架，最後總是先生落淚，冷戰則是先生投降，沒有一次不同。

先生的理想就是安於現狀，平凡度日，先生沒有任何其他朋友，唯一嗜好就是下班回家讀報紙，讀完就準備睡了。

太太去算命，說四十五歲後會好命。結果竟然實現，再也不必工作。因為車禍。

本來說會死，後來變植物人，再後來竟可以下床，返家後三個月，發現記憶力開始喪失，只剩五分鐘到十分鐘。太太失去生活自理能力，先生只好跟公司談，帶著太太上班，那年先生四十六歲。

騎著機車，風徐徐地吹，沿著河走，有時，會想把車往河裡衝下去，一了百了。卻也始終沒發生，夕陽裡，兩個人的影子始終黏在一起，哼著歌一路去。公司充滿溫情，老闆接受了買一送一的上班方式，同個辦公室的人也好像融進了兩人的生命，一晃眼也十多年，兩人就這樣騎著機車前進著。

有多少夫妻能夠二十四小時在一起，然後聊得天南地北？就算有拌嘴，十分鐘後也會忘卻，更沒有人會批評先生胸無大志，畢竟他不離不棄，而且該抱怨的人，不記得。

對只有五分鐘記憶的太太而言，世上每件事都是新聞，而對沒有其他嗜好、整天只看新聞的先生而言，能夠談論新聞，有個身旁的聽眾，又是件多麼幸福的事。現在說假新聞很多，但兩人沒有這困擾，每個新聞都很真切，每個新聞串成的互動對話都值得珍惜，重點不在新聞真不真，而是有對話、有話說，因為反正記得的只有五分鐘。

先生的理想是安定，那場意外反而成就了安定，太太沒有意外的和先生在一起，一輩子。儘管她不一定記得。

## 沒話題是正常的

我今年四十二歲，跟我同年紀的男生，很多正在拚事業。

那天遇到一個朋友，說老婆跟他不太說話了，但他明明很願意說話、很愛說話，只是都是在跟外面的客戶應酬時，才說得多。

那回家要跟老婆說什麼，說生意上的事嗎？她又不懂。

要說自己喜歡有興趣的事嗎？也是可以，就怕沒有。因為自己把所有時間都拿來拚經濟了，那些有興趣的事，都想擺到退休後再說、再做。

他自己覺得這樣下去不是辦法，接著可能就差拿支筆，簽一簽了。

我問簽什麼？他說離婚協議書呀。

後來，他們在臺南的巷弄內看到一個空房子要賣，第一眼就有點感覺，但也不知道要拿來幹嘛，就先去領錢給仲介下斡旋了，斡旋的那一個月裡，就來想要幹嘛，一個月到後，因為地點偏僻、價錢不高，就買了。

買了後，想一想，不然弄個咖啡館好了，因為那附近完全沒得喝咖啡，而且老婆喜歡。

弄了三年，後來就有了共同的話題，每天都討論著，為了想要找到自己喜愛的感覺，跑了國內外一百多家咖啡館，充滿植被的、滿是手作質感的、有人文風格的、對動物友善的……就這樣一路找東西，一路創造，自己釘木作，自己在各國找杯子，自己裝蒐集來的燈具，把舊有的燈座拆下來，做成了檜木杯墊，一路改變那個當初只是空蕩蕩的房子，填了東西進去，兩人的關係也填實了。

現在，不只是個咖啡館，還想要是個議題的倡議聚會場所。因為那就會有更多話題呀，不是給媒體的那種，是給彼此的。

沒話題是正常的，找話題是必要的。

## 理想的伴侶

當然沒有這種東西。

如果你做過廣告就知道，理想的創意都不會出現，只有在Dead Line前勉強可以接受的東西。

當你整天追求理想，就不會有成為現實的一天，不是嗎？那不是彼此為難，自找罪受？

不過，我倒相信有一個可能的機會點。

追求理想的伴侶，或許不如，追求伴侶的理想。而且那理想也不是非得多崇高的東西，只要「有理，想要」就好。

那就好，就太好了。

## 願，跟你說

爸爸不是人

爸爸是
世界上最好玩
的玩具

願跟朋友宣佈

# 退一步爭論，創造更多理解

## 停止標誌前

有次和家人去洛杉磯的超市，買小孩喜歡的小包餅乾，讓他們挑可以在車上吃的小零嘴，好安撫有時在車上的無聊和飢餓。

那是個日本超市，裡頭賣了各色日本商品，滿滿的日文字，當然還是伴著英文說明。超市裡販售美國當地沒有的水果，有些柑橘我也沒看過；賣生魚片的攤架上，一個個都像我們在築地常看到的銷售字眼。我還看到有賣日本清酒「獺祭」，還特地傳了訊息給高中同學。

可愛包裝的日本小餅乾琳瑯滿目，一個不留神，真的會以為自己是在日本東京，不過，貨架間的通道比較寬廣，購物推車有足夠多的空間好好前進。結帳櫃檯則是以淺草、新宿、池袋等東京地名命名，我感到十分有趣。

回程快到家人住的社區時，有個路口，迎面來了三部車，大家都守法地在停止標誌前停下，這是美國加州的規定，看到STOP SIGN時，必須停下，確認狀況後再起步。

如果沒有，警方是隨時會開單的，這是為了減少路口車禍，同時也為了保護路人的安全，通常比較常出現在人口較密集的社區。

我們也守法地停下了，後面突然響起喇叭聲。

這很奇特。

通常在美國，人們對於會有孩童老人走動的社區，會更常減慢速度，就算心裡再急，也願意多花點時間，多付出些耐心。有個說法是，任何人都是先成為行人，才成為駕駛。甚至任何駕駛也同時是個行人，且行人可受保護的，相對於坐在汽車上的人來得少上許多。

所以，我有點驚訝。

透過後照鏡，我仔細看，後方車裡的駕駛明顯地不耐煩，高舉著手，揮動著，嘴裡念念有詞，抱怨著。

看起來是拉丁裔的。

我告訴正在駕駛的家人說，「不要理他。」

我們轉進社區，繼續往前開，這車緊跟著我們，甚至沒有保持適當的安全距離，靠得很近。

我們又來到一個路口，準備轉彎，所以車速減緩。

他又按喇叭。

我整個火上來了。

我再回頭看，他又繼續揮動著雙臂，嘴巴沒有停下，大概是在罵人。

我想著，這裡再往裡開就只有居住區，沒有任何商業區，他沒有趕著上班的可能，到底為什麼要這麼急呢？重點是，他甚至已經有些侮辱人的動作出來了。

我很想跳下車去找他理論。不過，想到車上還有小孩，我用右手抓著自己的左手，拜託自己不要衝動。

這時我的心裡對於對方的族群、代表的文化，多了些印象。

## 多樣下的對話

美國是個移民國家，有著多元包容的開國歷史，但事實上，不同族群間，仍舊充滿文化上的差異和隨之而來的摩擦。

跟朋友聊起這事，她大笑。

因為她先生才在幾天前，在超市和一位中國人吵架。因為在結帳排隊時，對方幾乎整個貼在他身上。她先生感到不舒服，因此再往前一步，對方又貼上來，他實在感到非常被冒犯，因此又往前，對方又貼上來。

衝突因此發生，他質問對方，幹嘛靠那麼近，對方說我在排隊呀。

我聞言說我有經驗，後來才知道，在中國，願意排隊的人可能會習慣緊貼著對方的後背。原因是，這樣才能避免被別人插隊。而且前提是願意排隊的他，已經覺得自己在做一個十分文明的行為了。他可能會跟你說，許多人可是不排隊呢。

這是個有趣的觀察。

在其他文化裡，排隊是個習慣，每個孩子從小被教導。但是排隊的前提是，資源得是足夠的，每個排隊的人都有個預設，就是雖然我多花點時間，但我仍可以拿到我要的東西。

不排隊的人，可能來自於過去一個經驗，他排了隊，但輪到他時，沒有東西了。而貼著別人排隊的人，則是因為曾經被插隊。

那是他們的人生經驗聚合而成的文化，但當他帶著這文化到了一個不同的國度時，這會變成一種文化衝擊，甚至成為他自身被歧視的來源。

我想著那日本超市坐落在美國洛杉磯，外觀與其他美國超市無異，內裡卻如同日本一般，好讓日本移民輕鬆自在地享受，但或許對於一個在當地成長的美國白人而言，這地方有點不一樣。

每個人站的位置不同，帶來不同的觀點，看見不同的風景。

立場的不一樣會帶來進步，但也必須仰賴對話，甚至更多時候，是爭論。

## 各退一步，好好爭論

我在這個時間點，讀了蔡慶樺的《爭論中的德國》，真是興味盎然，因為他非常善於把不同的立場講述清楚，而且是帶著客觀且溫暖的心思，不急著驟下判斷，如衝動的我。

裡頭也有許多讓人泫然落淚的故事，手球隊國手的死亡、除草劑的使用期限、安樂死的道德難題、移民後代警察眼中的移民暴力，個個都讓我瞠目結舌，不曾聽聞，更無法想像，卻活生生都是每個人的生命故事，並引我思索自身的生命選擇。

我喜愛他流暢的文筆，緩緩陳述事件的背景，把不同立場的論理娓娓道來，不輕易給出答案，並且讓各種哲學思考與政治理論，以最輕鬆的方式，讓人服用再反思。

我越讀越感興味，不只對德國當代有更多理解，也對個人在這巨大的時代，仍該盡力保有思考和爭論能力充滿期待。

我想著，也許做為一個世上獨特存在的臺灣人，我們都該多些思索。

也許你並不認同臺灣人有多獨特，但我想試著跟你爭論，有哪一個國家擁有如此多的世界排名前幾名，卻又不被承認是個國家呢？

幸運的、不幸的，跟我一樣，成為臺灣人的你，怎麼能不試著和世界爭論？光是你的存在，就是如此不一樣且奇妙的論點呀？

我越讀越想，這是本好書，多希望我在學校讀書時，便曾看過這書。那，會不會讓我的人生有些不同呢？

不幸的是，蔡慶樺是我的高中同學，在當學生時的我，沒有機會讀到這本好書。
幸運的是，蔡慶樺是我的高中同學，早不當學生的我，早於世界讀到這本好書。

我這樣跟自己爭論著，並期待你也能享受這段有意思的旅程。

# 被笑天真，卻改變了些什麼

## 動物流

我最近在學動物流，Animal Flow，非常好玩，也非常耗費體力。像現在我家的狗走過去，我都會跟牠敬禮。因為牠的每一步都很不簡單呢。

動物流就是模擬動物的動作，其中運用到許多身體平常不會用到的肌肉，做的時候有點累，但做完超舒服，覺得自己好像卸下了許多的負擔。

第一個動作是「野獸beast」，光只是學野獸走路就可以讓人瞬間爆汗，動作看起來很簡單，但做起來有點不容易，就是四肢著地，但膝蓋要離地一、兩公分，前進時要手腳交叉動作，就是左手和右腳，右手和左腳，這說來簡單，但不知為何，就是很容易變成同手同腳，而且大腿要支撐，所以用到許多平常不太會用到的肌肉，不過，我發現有個非常棒的好處，就是原本因為打電腦，整天都僵硬難受的肩頸部位，似乎被舒展開來了，瞬間好像去給人家按摩完一樣，整個打開來了。

我都笑說，應該是現賺一千二的按摩費用呀。

然後，前進的感覺和後退的感覺也很不一樣，我們都很習慣往前奔跑，可是當你後退時，會忽然感覺不太一樣，整個感知也都不同了，有點像，嗯，開車時倒車的感覺，哈哈哈，這是不是有點廢話？但我要說的是，那種不擅長、不習慣，並且有隨之而來的不安全感。

那很珍貴。

## 吱吱吱

我覺得有趣的是，現代運動講究核心訓練，而訓練的方式，很多時候就是讓你身體處在一個不穩定的狀態下，你不太習慣那個狀態，並且因為那個狀態，而讓你某個部位的肌肉被迫得用力，被迫要認真面對這個奇特的情境。我覺得，在心理上也是，你通常得聚精會神，甚至得用上一些觀想的能力，想像你某個部位的肌肉正在動作，正在想辦法抵抗那個趨勢。

非常好玩。

那是一種你不熟練的姿態，好讓你的精神力量集中，好去適應。

算是一種在平常的為難自己吧？

大概跟我每天跑五公里一樣，從物理學的角度來說，跑回原點，等於沒有做功，可是從我個人的角度來說，我已經不是原來的我，而是經過五公里大約二十五分鐘獨處的我，我可能稍稍好一點，這當然是做功德了。

後來開始練習猩猩式，我更覺得不簡單，看來那麼簡單的行走，可是當你要如同猩猩一般地前後左右，就會有點累，如果再加上腿部動作，高高踢起，長長延伸，真的覺得自己要返老還童了，因為根本是在跳街舞，連續的地板動作，哈哈哈。

不過，像我這樣會激勵自己的，當然無時不大喊個兩聲吱吱，好像一隻勇敢的猩猩，鼓勵自己完成了一個動作，並激勵自己繼續下一個挑戰。

於是整個教室裡，在那段時間裡，充滿了我的吱吱叫。

不過，教練後來跟我說，猩猩不是這樣叫的。

我說，我是小猩猩，剛在學走路。

無論如何，我讓自己處在一個不熟悉的環境，那讓我在面對變動的世界，可能可以吱吱兩聲後，勇敢面對。

## 爸爸的肚皮舞

亞提．蕭（Artie Shaw）演奏的單簧管樂音，正在空間裡迴盪著，我坐在家中的沙發上，看植田正治的攝影集，看他女兒談每個作品背後的故事。

攝影師植田正治幾幅精采的作品幾乎都是以家人為主角，我很喜歡的「爸爸、媽媽與孩子們」，就是他的一家人站在沙丘上，哥哥牽著腳踏車，弟弟充拿了支玩具手槍，女兒手上的黃水仙，是植田先生看到女兒出門前拿了個娃娃，於是摘下院子裡的水仙花，要她帶著。

我看到書中女兒日後的描述，覺得很好笑，就像我們假日出遊，女兒和我會討論要帶什麼去山上，有時是幾片餅乾，有時是吹泡泡的，我們各自用自己的方式定義幸福，各自準備對方會喜愛的，然後嘴裡一邊描述：「等等我們野餐一定很快樂。」願會邊用愛心眼回答：「對啊，一定會很好玩的呢！」那種其實沒有什麼巨大的金錢花費，卻能感到十分愉快滿足的奇妙過程，幾乎是我現在最在意並著迷的。

人如何讓另一個人感受到被愛？如何讓另一個人意識到自己是平安地被愛所包圍，對我來說，比任何快速的生財之道，來得寶貴許多。

我喝了口從南投鹿谷來的高山茶，價錢不高，但帶給我的幸福感很高。亞提·蕭的單簧管在當時創意十足，如今我們聽來卻是舊時代的樂音，不過，在我們家，他又有另一個意義。

女兒願喜歡看的《Chip & Dale》，中文翻譯成「奇奇與蒂蒂」，就是兩隻可愛的花栗鼠在樹枝上奔跑，尋找牠們喜歡吃的小栗子，有時捉弄唐老鴨和高飛狗，這部經典的迪士尼卡通是我小時候的最愛之一，現在也是願的好朋友。

而在這經典的卡通裡，配樂幾乎都是像亞提·蕭那樣一九三〇年代的爵士樂，所以，當我放亞提．蕭時，願總會說「啊，這是奇奇與蒂蒂的音樂呀」，然後開心地在家裡東奔西跑，跟花栗鼠一樣。

音樂作品是可以隨著時代變化而有不同意義的，最糟的狀況是，你不聽，你的家裡沒有任何作品。

沒有作品其實不會怎樣，就跟無聊其實不會怎樣。

只是可惜而已。

我看到植田正治有另一張作品，非常可愛，「我們的母親」，一九五〇年拍的。堤防上，媽媽在畫面中央穿著絣織和服，左手的衣袖被小男孩拉著，小男孩穿的是西裝式短褲上搭外套加襯衫，也就是日本傳統的兒童服飾「七五三」；右手邊兩隻手猛拉著媽媽和服衣袖的是女兒，穿著白襯衫，裙子。

媽媽的後方，遠處，還有個手臂上掛著三角巾，好固定因為露營而扭傷的手，並穿著制服的兒子充。

非常有意思，媽媽被兩個兒女左右拉扯，可是臉上還是帶著笑容，而遠處的兒子，視線還是停在媽媽身上。

這樣的創作，來自於植田先生獨特的擺拍，作者——也就是女兒——還在書裡提到，爸爸不斷喊著「和子、亨，你們用力地抓住媽媽的和服袖子」、「用力，手拉直」、「充，不要東張西望」。

我一直以為這張照片是隨意捕捉的，原來不是，是刻意為之的藝術創作。我對能夠有這樣的藝術直覺感到佩服，更對一個家庭的模樣，有點體會。原來作為家中的爸爸，植田先生花很多時間和孩子相處，並創造出屬於自己家的奇妙氛圍。

常常在夏天裡，一群孩子在家中長廊上乘涼，裸著上身的父親就一邊喊著好熱好熱，一邊走向他們，接著以指甲用力在自己的肚子上畫出一道道痕跡，形成一張怪異的臉龐，最後竟然開始跳肚皮舞，那樣子實在太好笑，孩子們笑到抱著肚子，在地上滾來滾去。

我看了心想，如果有一天得丟臉的跳肚皮舞，那就為孩子跳吧。

## 被笑天真，卻改變了些什麼

植田先生在自己家附近的沙丘拍自家人的家族照，得了許多大獎，包括「小狐登場」是由兒子戴上面具，從沙丘上躍起；還有「文字繪」，也是由兒子戴上自己手繪的文字面具，都非常有意思，在藝術上有極特別的力量展現。

只不過，遇上了亂流。

由於當時流行「絕對現實主義」，在土門拳的「絕對要抓拍，不能擺拍」的口號下，成為社會主流，而植田先生類似導演式的攝影方式，引起許多批評，他也因為受傷而減少了拍攝作品並發表的機會。他沉潛下來，但繼續在鄉間拍攝孩子，拍了十五年，直到日後成為大家熟悉的「童曆」，這時他的名字也才被大家所熟知，在那之前，他只被當成是個業餘的攝影師。

我讀到這段歷史，十分不捨。

他那麼的天真，捕捉下家人的模樣，卻不為世界主流所容，但他在頹喪之餘，卻沒有放下相機，繼續堅持他認為美的創作方式，不跟世界爭辯。

奇妙的是，時間過去了，人們開始理解他的作品，開始討論並分析他的創作，那別說他自己始料未及，我想，更是一個啟示。

一九七一年，「童曆」被選入「映象現代」中，而植田先生在所有入選的攝影家中，是唯一從戰前就開始發表作品的，換句話說，他幾乎可以說是在經過二十年後，再度登臺。

而直到二〇二〇的現在，有一個臺灣的年輕人仍在看植田先生的作品，回味他的創作過程。那曾經被嘲笑的天真，竟以一種照片安定靜止的姿態，超越了時間，勝過了時代。

不知為何，我竟想到「動物流」。

我的教練說，他每次練習「動物流」時，為了感受動物的姿態，會選擇在室外開闊的場地，比方說布滿青草的學校操場，而每次也都幾乎毫無例外地，會引來人們關心攀談，因為看起來有點好笑。

我心想，好像是耶。

當你在做一件你覺得有意思的事，在別人眼裡有可能會不符時代，有點好笑，甚至有點可笑，可是做的人自己覺得很好啊，那該怎麼辦呢？

我想，這問題，就回答了。

因為對你好，你就做吧，繼續做吧。

我和舒國治老師對談，我問到，現在世界變化快速，要如何養成一個好的創作者呢？

他說，你先培養出一份專業，好讓你在世界可以生存，但不要就這樣停住，要繼續想你需要什麼，並且慢慢地慢慢地，從你那個需要，也可能是許多個需要裡，慢慢地慢慢地找到，或者做出你可以做的。

然後你就會很棒，至少很有意思。

我一聽，幾乎就是我過去這十年的樣子。

我因為不知道要做什麼，所以就什麼都做，什麼都想做看看，當然，是在我原來的工作之外又去多做，我去教書，也去讀書，去帶學生，也去當學生，還不斷參與任何我沒做過的事，任何公共利益的事，我都有動力和興趣。

然後，感到愉快，雖然還沒有什麼成就，但心裡並不感到空虛，也不太抱怨。

因為還很多沒做過呢。哪有空抱怨。
也不太會失敗，因為根本不知道成功的定義呀。
還有，我不太怕被笑，甚至有點喜歡被笑。
因為不管對方是微笑還是嘲笑，我都覺得沒關係，因為反正我不是他，我不是那個站在那邊看的，我從一個正在作這件事的角度，其實看不太清楚別人的表情。

這讓我輕鬆許多。
至少，有人笑了。
在這有點痛苦的世界，如果我能讓幾個人笑了，那我很開心。
若沒有，那我自己，先笑。
哈哈哈。

被笑天真，卻改變些什麼。
如果可以的話，順便改變笑你的。
當然，只是順便。

願，跟你說

願說.把拔.有時候.
你畫畫的時候畫錯
如果.你畫一個鑰匙
然後畫錯.就可以看看它
就給它加上耳朵.就變兔子
如果你畫雲覺得不像.
就用橡皮筋把它擦掉
(橡皮筋?)或者.也不會怎樣
因為雲有很多種樣子.
所以.畫雲都不會畫錯.

# 做一次夢幻般的你

## 最好版本的你

我寫東西最有效率的地方，不是家裡的書桌，也不是工作室。是女兒學英語的教室外面。

這件事連我的家人都知道，家人甚至會說，你今天沒東西的話，要不要去那個地方寫一下啊？

那是張小小的圓桌，大概只能擺四張Ａ４紙，不，也許只有三張。

我通常會和幾個幼兒園小朋友一起，他們寫簡單的作業，我也寫我不簡單的東西。好吧，我這樣說不公平，他們的功課也許也不簡單，甚至，說不定比我的更多麻煩。

我難免會覺得，既然都在一起了，那互相照應吧。我看著一位五歲（對，不是五年級）的孩子，拿著日曆紙的背面在畫。我很好奇是什麼，但我不好意思問。直到第六個禮拜後，（是的，一個禮拜一次，不是我和他在一起四十二天），他自己跟我說，「你看，我很會描這個。」

我終於看出來，他正在描，透過日曆紙。

他手拿著鉛筆，圓形的鉛筆後端是個圓形橡皮擦，粉紅參雜著橘紅，鉛筆身是白色有些可愛的卡通圖案，但他的小手握著，所以我一下子辨識不出是什麼動物，但就是可愛路線的。

他的手很穩當，雖然有那種剛開始握筆時的不確定和略略過大的使力感，可是他專注的眼神說明了一切。他在享受。

而那眼神，很抱歉的是，我已經許久不常在我身旁的從業人員身上看到，那麼清澈，那麼寧靜，那麼無所謂，那麼不擔憂。

他又說了一次，「我很喜歡描。」
那麼悠遊自在，那麼無所畏懼。
我看他的眼睛並沒有在我身上，表示他對我並沒有太多警戒，便稍稍放心，我輕輕回答他，「你描得很好，很直。」
「我喜歡車子。」他也輕輕回答我
那部車的構造是有點複雜的，但他可以仔細地把每個細節都描好，我看他專注的樣子，真的很滿足，真的很陶醉。

我有一點羨慕。
我不會輕易地說，那就是幸福，但，那真的是幸福。
專注地做自己喜歡的事，並且有意識地享受著，同時毫不害羞地跟陌生人分享，只因為那個愉悅太過純粹，你不會害羞。每個逗號間的字句，都是我的人生目標，只要達成其中幾項，我就很開心。
而他都達成了，豈不是太令人羨慕了？

容我借用知名作家張瀞仁曾經提到的「成為最好版本的你」，我們不必成為最成功的人，但可以試著努力成為最好版本的自己，那不但是做得到的，而且是有意義的，而我相信，一個享受自己當下付出的狀態，應該離最好的版本不遠。

## 沒有，比較容易有

然後，為什麼我可以在這裡很有效率呢？也許是因為沒有網路。

你知道有網路，讓你可以看得見世界上所有的東西，但裡面少一個東西，就是你將要寫的東西，屬於你的東西，你可以創造出來給別人搜尋的東西，你的東西如果是來自別人的東西，可能就不能完全說是你的東西。

你的東西等著你，那不是你看著臉書上別人的近況動態就會出現的，你靠你自己，靠你那軟弱無力卻又長在你身上而不是別人身上更不是你對手身上的雙手，緩慢地幾乎難以察覺進度的，有點像植物生長的，慢慢出現，用盡力氣，好萌出一點芽，太過細微的芽有時別人無法察覺，但你知道，因為那不會省力。

網路是一條美好的路，對我來說，是分享創作的路，但不太會是創作的路，養分可以來自網路，但成長萌芽得靠自己。

也可能是因為椅子並不是那麼符合人體工學。

我坐得不像在家，輕鬆愉快，隨時可以起身沖杯粉紅波旁咖啡，可以把Miles Davis放到最大聲，可以像個神經病一樣突然從椅子上跳起來，抓著門上的單槓，發出奇怪且巨大的喘氣聲，拉上幾下。

我什麼都可以做時，我什麼都沒做出來。

當然，這裡最安全的是，在我可見的範圍裡，沒有床。

我不會突然就拿起一本小說，用力奔馳五步，然後大腿用力，雙腳蹬起，雙手前伸，像超人一樣，挺腰，整個人離地，和地平線平行，並在一瞬間似乎就停止在奇妙的時間裡，然後「哈」地一聲落下，掉在鬆軟迷人誘惑力無比的床上，然後看上一、兩個小時，無怨無悔，直到傾國傾城。

也許是我不太確定，教室同學家長是不是都在看著我？

我讓自己什麼都沒有時，反而比較靠近可以創造出一點點，那種叫作有什麼的東西來。

你也可以試試。

## Bird Calls

一九五九年時，查爾斯・明格斯（Charles Mingus）出了張專輯，叫作《Mingus Ah Um》，這是一張經典，影響了後代許多爵士歌手，當然也讓許多樂迷非常喜愛。

有趣的是，在五月五日這天，明格斯和他的夥伴們進錄音室錄了這張專輯的將近一半的曲目，而巧的是，另一位偉大的薩克斯風手約翰・柯川（John Coltrane），也在這天進錄音室錄了近一半的專輯，那張專輯同樣影響後代極為深遠，那張專輯名是《Giant Step》。

這是爵士音樂史上一個奇妙的日子，在某種程度上，應該也算是生物學的共時性，兩地的生物在不約而同下做出了接近的事。當然，就專輯內容本身，當然還是截然不同。

不過我想多說一點，那一天，人們一定也做了很多其他的事。也許有些很重要，有些很必要，有些很被迫，有些很不值一提，連自己都忘記。

我也不覺得，有必要做什麼好讓自己被人們記住，但讓自己的記憶稍稍不是那麼灰飛煙滅，或許是可以的。

我的母親是失智症者，我長時間的接觸後，也讓我自己對記憶一直很感興趣，一直在思索著，並且給自己許多的題目，想獲得解答。

如果你不記得一些對你重要的事，那你和失智者的差異在哪裡？

如果你不做出一些對你重要的事，那你和失智者的差異在哪裡？

很多人以為明格斯這張專輯裡有首歌〈Bird Calls〉是要去向偉大的Bird，也就是查理．帕克（Charlie Parker）致敬，可是，用明格斯自己的話說，他說，不是的。

他並不是要向Bird致敬，他是在讓那樂音像鳥一般。自在。

鳥的召喚，召喚著你。

我想每個人心裡都有一隻小鳥，牠渴望自由自在，牠傾向掙脫枷鎖，牠熱愛昂頭振翅，牠拒絕地心引力。

我們無法永遠像隻小鳥一般，無拘無束，沒有負擔的生活。
但我們可以偶爾像小鳥一樣，專注去做好自己喜歡的小事。
鳥召喚的時候，你就飛一下。
但是要專心，那才會享受，那才飛得起來。
那才叫生活。
那才有生活。

# 如今在這世上，最大的是愛

## 計程車司機

有一次我搭計程車，司機主動問我對同性婚姻的看法，我坐在後座，看著窗外流過的燈光，想著是不是要往下聊，會不會吵起架來。但想了想，我很少搭計程車，機會難得，就算吵架，我平常有在跑步，趕快把錢丟了，跳下車，應該還是可以逃走的。

所以我在確定一下自己今天腳上穿的是跑步鞋後，就答腔了。

但我先聽，我反過來問他：「你覺得呢？」

因為他主動提起，他一定有想法想要分享。

他開始講起來，他說他是沒有什麼反對，只是覺得要是同性戀家庭未來養出的孩子，也變成同性戀，這樣好嗎？我們的社會，會不會變得更亂？

我一直在忍耐，必須要調整呼吸，避免自己開口大聲說話，忍耐的過程裡，我忽然想起，很久以前有一次在一個客戶那，她大罵著廣告公司的種種不是，我這邊的廣告公司所有的人都低著頭，不敢回話，儘管對方說的不是全部都合理，但因為不想有衝突，怕影響生意，所有人都忍耐著。

想起那時，我就想笑。

因為事件的導火線是我，我才剛講了腳本的第一句，就硬生生地被打斷，只是從那轟隆隆的言語聽起來，對方怪罪的不是我，而是公司其他成員沒有給我完整的資訊，而那腳本若以一般人的角度看，不會有問題，只是競爭對手可能會拿裡面的一些名詞作文章、用黑函攻擊，雖然那機會很小很小。

換言之，對方之所以反應那麼激烈，不是真的生氣，而是有很深的恐懼，因為新品上市的壓力，因為對競爭對手未知的恐懼。並不是我們做得不好，而是我們的創新可能會讓她的商品受注意，而那可能會引來競爭者的攻擊，而且是以檯面下的手法，攻擊的可能是其中一些名詞。

對我而言，那些名詞跟故事內容本身一點都無關，立刻可以改掉，甚至略而不提。我在之前沒有想到對方會對這幾個詞的恐懼如此強烈。

其他人的官階都比我大，我跟著其他人低著頭，聽著她的砲轟，思索著。我越聽越覺得問題不大，只要好好說明就好，可是她再繼續這樣發飆，我們無法到任何地方去，這會議只會崩潰。

不知道為什麼，我突然抬頭，對她笑，跟她說：「來嘛，我們先把文字都蓋掉，妳就先聽我講故事啊，之後那些文字再改就好。」

你有看過人嘴巴張大大的，然後慢慢合上的樣子嗎？我就一邊興高采烈地講故事，一邊看著她的嘴合上。那個會議後來沒有什麼確切的結論，但我贏得一個朋友。

因為我在她恐懼苦惱的時候，願意聽她說，然後還願意回應她。

我後來發現很有趣，人們反應最激烈的時候，有可能其實是他最害怕的時候。不是他真心反對，只是他有些未知，而那些未知帶來了恐懼，恐懼讓他只會用兇的方式表達。

沒有人胸有成竹時，還會兇巴巴的。

也許可以針對那些未知而恐懼的部分，一起討論，一起對話，最重要的還是對話，沒有對話什麼都不會發生。

沒有對話，就有對立。

當然，也會有努力了但無法對話的時候，那也沒關係，那就對立啊。

我已經準備好跑步鞋了不是嗎？

## 家庭問題

司機再三強調現在的社會很亂，問題很多，尤其是家庭問題，他很擔心同性婚姻讓社會更亂。

我說，我是沒有什麼想法啦，不過，我自己看報紙，好像看到的家庭問題，多數都是異性戀的問題，不管是外遇、未婚生子、虐待、棄養、性侵……好像比較多都是異性戀發生的狀況耶。

我說，你回想看看嘛，是不是這樣？你有看過同性戀造成的家庭問題嗎？應該不多吧。

他開著車，沉默了一會兒，然後冒出一句：「你說的也是啦。」

我繼續說，「你再想想看，你有聽過哪個同性戀是因為被同性戀家庭撫養而產生的嗎？我認識的同性戀他們父母都是異性戀啊，真的還沒聽過誰的爸媽是同性戀，然後養出同性戀來的。」

我又說：「啊對，你有看《星際異攻隊》嗎？就是有星爵、浣熊的那個。」

他說：「哦，我沒空啦。」

我說：「好啦，下次電視重播你可以看一下，我覺得這電影滿好笑的，你知道裡面有一位超壯的拿雙刀，總是裸上身、肌肉很大很會打架的光頭先生，他有一次就在媒體上說，他是兩位女同志撫養長大的，如果有人對他的媽媽們有意見，歡迎找他單挑。哈哈哈。」

我邊笑邊講，超好笑的，司機大哥也跟著笑。

我繼續說：「說真的，所有同性戀大概都是異性戀生的，以現在的狀況，也幾乎都是異性戀養大的啊。他們確實存在，我們總不能否定他們存在吧，這跟以前覺得黑人不是人一樣，怎麼講都怪怪的，然後還怪他們會破壞家庭觀念，明明是我們自己沒做好。」

## 紅包和手術

我說，「我來講個現實的。你結婚，大家是不是都來包紅包？那他們都不能結婚，你紅包是不是都還不回去？這樣是不是有點不好意思？」

司機馬上說，「對吼，確實是拍謝。」

「啊擱有，」我繼續講，「我們生病去醫院，如果要填手術同意書，不是都有一欄是家人同意嗎？啊沒有結婚的話，不是配偶就不能簽，這都影響到他們的人權啊。你想想看，你去醫院要手術，但沒有人可以簽的那種心情。

「他跟你一樣有在繳稅哦，他繳的稅讓你的小孩可以讀書上學，他繳的健保費也讓我們的長輩生病可以開刀，可是他自己要開刀卻沒人可以簽，你覺得這樣是不是有點奇怪？他盡的義務跟你一樣多，可是他的權利卻被打折扣，啊捏甘賀？」

司機馬上說：「哪照你說，確實是不公平捏。」

## 如今在這世上，最大的是愛

我又多說一句，如今在這世上最大的是愛啦。

司機說，對啦，愛，愛替人想啦。雖然我自己感覺怪怪的不習慣，不過，說起來，大家都不太一樣，互相接受，互相體諒。就好像有人覺得我每天吹冷氣坐著就可以賺錢，我說拜託一下，我是累到不想坐著卻還是得繼續坐著，坐到都一身病，還要去看醫生，醫生叫我換工作換頭路，我說沒辦法。

司機繼續講，想一想，我其實還可以換，我還有換的選擇。他們可以換嗎？換作去愛別人嗎？有辦法嗎？哪是有辦法，誰想要這樣？

我看吼，真的欠人家的權利，還是要還人家啦。

真正要遊行抗議吼，那種害人的黑心商人才是要抗議的，那都害死人，大腸癌捏，臺灣癌症死因第一名，我每天吃外面的便當，都不知道他們用的油是怎樣，看，賺大錢的財團攏欺負人，這才是要抗議啦。

司機一路講著，我的目的地到了。

我請司機靠邊，付了錢，要下車時，司機跟我說，咱說的這些，我找一天也可以跟我朋友說。

他邊說邊笑，牙齒在黑夜裡，亮閃閃的。

願，跟你說

問願今天開心嗎？
她說，很開心。
我說，你真棒，
每天都很開心，我應
該跟你學習。
她說，你是應該學我，
不過你也該知道不是
每個地方的人都可以
像我一樣很快樂。

# 跟人比讚，跟自己比賽

**跟人比賽？**

昨天夜裡，我開著車，願坐在後頭。

願說：「把拔，我在跟人比賽。」

我說：「哦，跟誰比賽？」

願大笑，「我是說我在比讚啦，不是比賽，比什麼賽，為什麼要比賽啦，哈哈哈，比讚不是比較好嗎？哈哈哈。」

她一路大笑著，真心因為我聽錯感到很有趣。

窗外，夜色如水，是愉快的仲夏，我聽著她的笑聲，心裡感到愉快，同時也感到自己的不足。

我喃喃自語，說得也是，比「賽」臭臭的，對，我想到的是臺語的賽。

我當下有點小小的被點醒。

我好像從小就被教導要跟人比賽，並且最好是贏的那一方。所以，我會直覺地在聽到願說的話時，想到要跟人比賽。但，願不是個喜愛爭勝的人，她常說，我們不要比賽，我們來一起做。

我之前常把她說的當作是種說法，好避免輸，但我近期越來越意識到，願的說法其實是一種思考體系，而我太慣性地使用自己的思考體系了，其實，應該好好地來聽她談。

通常，我的收穫都不少。

## 競爭意識，有意思嗎？

我想到我好像真的很愛比賽，而且，以為比賽才會有趣味。當然比賽會有趣味，但不比賽也有不比賽的趣味，而當你只有專注於贏或輸，其實也有點侷限了想像力。

我舉一個我自己的例子。

我在二十八歲時，很幸運地，甚至可以說有點糊里糊塗地成了GUNN REPORT臺灣廣告創意排名第一名。而且我並不知道，是隔年由雜誌《Campaign Brief》刊登後，有人買了，跑來告訴我，我才知道。

那是個英文雜誌，會看的大概只有行銷廣告相關的業界人士，書店雖然也有賣，但絕對不像《壹週刊》、《商業週刊》、《今周刊》那樣人人都會買。而《Campaign Brief》是以創意獎項做積分，分數累加起來後，針對每個創意人做排行，所以每個人幾乎都有分數，只是它列出的會是每個國家的前十名，每個區域例如亞洲的前一百名。

很好玩的是，我想著，那我明天還要去上班嗎？

哈哈哈。

因為，我們從小被教導要拿第一名，那拿到第一名後，就結束了吧。好像，我們沒有學過拿到第一名後該怎樣，也好像一切到這就夠了。

這個結果讓我有點迷惘了，或者該稱之為，患得患失。

明明做廣告是為了創造有趣的事物，用獨樹一格的想法解決世上的問題，可是，被創意獎項定義了勝負，被排名侷限了樂趣，我在當下，其實感到有點困惑。

因為公司很在意，某些老闆們也在乎，在面對新客戶時常常會向對方介紹我是臺灣NO.1，好增加公司的勝算，搞得當事人我好像也誤以為這真的就是職業生涯的終點了。

我自己想，這個競爭意識，好像剝奪了我做廣告創意的樂趣耶。

## 我還是我

可是，你知道嗎？多年後我回想，我不還是原來的我嗎？我不是一樣聰明，也一樣北七嗎？我怎麼會輕易地因為這個排名而被搞得混亂了呢？

我在做廣告創意前，也不知道這個排名呀，我也不是為了這個做的，怎麼會因為這個就不再做了呢？

當然，我不是真的不要做廣告了，而是突然間的混亂，讓我有點忘記真正的目標是什麼，讓初衷被擋住了。

我想著，奇怪，我到底在幹嘛呀，怎麼被弄得心煩意亂的，我都快不認識自己，也快不認識自己喜歡的工作了。

後來，我去跑步，發現我還是要靠自己的力量前進，還是得吸吸呼呼，我還是會喘，我還是得很費力氣才能跑完五公里。

這時候，我放心了，我還是我，我找回到我自己，我的靈魂跟上來了，我的腳步一步又一步，讓我出竅的靈魂有機會重新回到身體裡，重新腳踏實地，每一步都費力，可是每一步也都因為那個費力，讓我明確知道自己只能靠自己，而不是那個奇怪的排名。

我想起以前學校的成績單，現在都不知道去哪了，可能連垃圾掩埋場都找不到，應該都被焚化爐燒掉了。

而那個雜誌上刊登的排行，也會是一樣。

最重要的是，我得想出我明天要幹嘛，但也很幸運地，我想到了。

跟昨天一樣，我要做我喜歡的事，並且做得更好。

## 跟自己比賽

我後來意識到，如果要比賽，那可能不該跟別人比，應該跟自己比。應該讓自己一直有學習，讓自己變得比前一分鐘再好一點，讓自己對這世界的好處增加。

於是，我去考研究所，去讀電影，在週五下班的巔峰時刻塞車塞得頭昏腦脹，橫過整個臺北市，從極東到極西，然後週六早上還要在大家呼呼大睡時，努力爬起來去學校上課當學生，發現自己的不足。

同時也當老師，去學學文創當講師，教創意，把自己的思考體系整理爬梳後，試著帶給別人，並在過程裡更加發現自己的不足。

別誤會我，我知道排名是種激勵機制，也相信競爭會創造進步，但，我不相信競爭是唯一真理，還有，若有真正的競爭，那應該是看整個人生，而不是某一年。過分地看待某個時間點的成績，有點……嗯，傻氣，除非，你那一年就要走了。

其實，仔細想也知道，臺灣不是每個人都做廣告，我只是做廣告裡的那少數人中，剛好今天排到前面，就好像排隊剛好排前面一些而已，總是會有人排在那裡的，那不代表什麼。

重點是，我自己快樂嗎？

有許多人覺得競賽會增加樂趣，那我建議，也許可以給自己多個可能性，競爭形式的多樣性。

若真的很想比賽，就跟自己比賽吧。比昨天多做一個伏地挺身就好，當每天都這樣時，就算第一天只做一下，一年後，你可以做三百六十六下。

那才酷，才不會因為目標達成，整個人茫然，最重要的是，每天都可以進步，每天都可以向前，你的終點不斷往前延伸，你的人生才不會來到終點。

**跟別人比讚**

我還有一個學習，就是我太常跟自己比讚啦，或者說，太少跟別人比讚了。

我們都很會販賣自己，很懂得把自己的夢想當作現實說，把自己的專業放得很高，彷彿人人都要仰望，卻很少像願一樣，跟別人比讚。可是大家都希望被認同，被他人認同，並因此有更好的表現。

當我問願，為什麼要跟別人比讚時，她的回答很直接，沒有考慮太久的時間。「你跟別人比讚，他就會更棒，那我們不是就更高興嗎？因為大家都更棒啦。」她一邊說，一邊用反問的語氣，言語間好像有種「這麼簡單的問題你不知道噢」的味道，哈哈哈。

我這五年，常常有這種時刻，好像被顛覆了認知，重新定義了規則。我很享受。

我發現，我自己是讀企管系的，以前學很多工商心理學，也有學組織管理，但好像都只是讀書考試就過去了，沒有深刻的思索體會。

工作後，也面對很多人事上的挑戰，總是為了處理而焦頭爛額，雖然我努力想要對每個人好，可是又會看到某些前輩的冷酷職場手段，除了自歎不如外，也曾失眠無數個夜晚。

我發現，自己一直在試著給出物質上的好處，並且視野因此窄化，只想到用這方式給人。

而當我無法做到，且多數時候是因為組織的限制，我無法給組員加薪，我無法給更好的職銜，因為都會增加公司的營運成本，我深深地苦惱了，我為自己無法做一個好主管而難過難受，這比要我發想創意還難，因為我定義的工作目標有問題，過度狹隘。

人們需要的不只是錢和頭銜。

## 調整焦距

這樣說好了，攝影裡頭有個術語叫作焦距，當你的焦距沒抓好，你的焦點會是模糊的，我傾向認為，許多人才之所以沒被看到，是因為看的人焦點模糊了，看不清楚對方的好。

那要怎麼調整焦距呢？

我跟你說哦，調整焦距的方法很多，其中有一樣，就是藉由你跟對方比讚，去肯定對方，好調整自身的焦距，過一陣子，你就會看清楚對方的長處了。

我後來想到，我自己就是如此。

於是我邀大家跟我去游泳，去橫渡日月潭，一起去平常不會去的地方想東西，在陽明山上，在海邊，我盡量告訴夥伴他們的好，儘管我始終是帶著點虧欠的說。總覺得對方這麼好，而我待他們還不夠好。

後來，我自己決定離職，去做導演，學習不一樣的領域，我仍舊覺得自己是個不夠好的主管，但我知道我很努力。我很努力的調整自己的焦距，好讓我的焦點對得上對方，我也知道，我的夥伴每位都是人才，他們值得我好好比讚。

看不到對方的好，是你的問題，你自己應該要認真努力。

話說回來，這也是個跟自己比賽的好目標，你可以比昨天的自己多看到多少個人的好？

你今天又跟多少人比讚了？有比昨天多嗎？

讓自己更好，對別人更好，我們的世界就會好一點。

跟自己比賽，跟別人比讚，不要跟減肥一樣，等明天。

今天，最好，現在就開始！

# 金鋼狼你好喔

## 別輸在起跑線上？

我每天都跑步，但因為跑步很無聊，所以對跑步有一些無聊的想法。

面對孩子教育，常說「別輸在起跑線上」，但你仔細想，你走在路上有看過起跑線嗎？最重要的是，每個人要跑的路不一樣，起跑點也不同啊，到底要怎麼知道哪裡是起跑線，還有，輸是什麼呢？

我常在路上跑著，遇到其他跑者，有的跑在我前面，有的跑在我後面，假使你把它當作偶然交會的人生，也很適合。

跑在我前面的，就是贏我的嗎？

也許是，也許不是。

我們的跑步路線不一定一樣啊，也許下個路口，他就轉彎了，也許下一步，他就停了。那還在繼續跑的我，搞不好，也可以算是贏他呀。他跑不下去了呀。我還在跑耶。

你說，那他跑很慢，不就輸你了？

可是，拜託，他現在跑很慢，你怎麼知道他不是已經跑了四十公里呢？而我才在我的第一個公里，這樣比起來，他不是贏我了嗎？哈哈哈。

把人生的道路，用跑步來比喻，也許就可以有些思考。

你會發現，和別人比較，很多時候會創造非常多謬誤，或者說是誤會，錯誤的羨慕，錯誤的嫌惡，錯誤的自我貶低，錯誤的自我吹捧。

## 比賽規則

回到起跑線上，我覺得，常常我們以為有個無形的起跑線，但真要說，那應該是自己給自己的。

請試著想像一件事，大家一起站在起跑線上，槍聲一響，有人往前衝了。

他就一定贏嗎？

要是比賽的方向，是朝他身後呢？他應該要轉身往後跑呀，結果他那麼用力往前跑，不就還要回頭跑更多嗎？

或者，比賽的規則是，要背對著前進的方向倒退跑呢？你想像，大家一起搖搖晃晃的背對著往後跑的樣子，哈哈哈哈。

或者，比賽規則是，大家散開，往四面八方跑，不要被當鬼的抓到，那跑直線的，而且只往前跑的，不就很好預測，很容易被鬼抓到嗎？

你看到這，應該會覺得我都在胡說，沒個正經。但，我請問一件事，你覺得當代世界的規則沒被打破嗎？現代工作的職位定義，完全不是我們十年前理解的，許多職業消失了，也有許多全新的職業產生了，傳統定義的職業也已經慢慢質變，工作內容和技能也和過去大不相同了。

那，你還會說那條起跑線畫得對嗎？

那，真的還有輸在起跑線上的事嗎？

## 適應力

不過也不是就不需要努力啦，就像跑步一樣，你原地不動，就哪裡也去不了，每一步，都還是得靠自己，但重點是，你要跑去哪裡，你會跑去哪裡。

新加坡的教育部長早在二〇一八年就提出，未來孩子的生存能力有兩項重點，一個是適應力，一個是復原力。因為世界變化快速，國家外交關係變化，科技進展方向跳躍，所以，重點不在你有多少技能，而是你可不可以觀察環境，並解讀賽局，並盤點自己的資源，整合後給出解決方案。這些能力整合起來，就是適應力。也可以說是素養。

家長們很關心的一〇八課綱，就是為了回應「適應力」的未來需求，進而尋求改變的：

臺灣的一〇八課綱以「核心素養」作為課程發展主軸，以落實課綱的理念與目標，也兼顧各教育階段間的連貫以及各領域／科目間的統整。

「核心素養」是指一個人為了適應現在生活及面對未來挑戰，所應具備的知識、能力與態度。核心素養強調學習不局限於學科知識及技能，而應關注學習與生活的結合。

核心素養強調培養以人為本的「終身學習者」，回應基本理念（自發、互動、共好），分為三大面向：「自主行動」、「溝通互動」、「社會參與」，此三大面向再細分為九大項目，並強調素養是與生活情境有緊密連結與互動的關係。——摘自「一〇八課綱資訊網」

讀完後，我只覺得，我們大人都做不太到呢，畢竟是要不斷學習，一直學習，天天學習。正合乎我平常老愛說的，在臺灣最需要教育的是大人，不是孩子。

可是，從這裡，大概也可以知道，起跑線變得更加模糊而不重要了，因為比的不是五十公尺短跑，是長跑，是長長的人生長跑，一路跑下去，比賽的終點是人生終點，是比氣長，是比你今天有沒有跑，明天有沒有跑，後天還能不能跑。

那你今天比較早出發個五秒鐘，五公尺，又如何呢？

你今天對什麼有興趣，發現了什麼問題，找到了什麼答案，才是我們得自己回答自己的。還有明天、後天，大後天，每一天。

你每天都得適應，你得適應每一天。

那疊在一起，累積起來，最後成為你。

**金鋼狼**

我自己是個充滿困惑的不良中年，所以，從來不敢想要教我的孩子什麼，我比較像是跟在她旁邊重新學習世界的傢伙，算是個旁聽生，因為世界的模樣跟我當初在學校裡背誦的完全不同，我等於是剛剛入學的新生，今年五年級，跟我女兒年紀一樣。

不過，回到新加坡教育部長提到的另一個重點能力，復原力。

因為世界變化快速，你再怎麼能適應，還是會有受傷的時候，尤其是剛到新環境、或環境天翻地覆改變時，更別提天災人禍，跳脫趨勢預測的怪異事件，你勢必得受傷。

這時，能夠找到恢復的方法，能夠早一點好，早一些恢復愉快正面的情緒，就成了另一個重要的能力了。從這思考，我就覺得，金鋼狼可能是最厲害的角色。

他的厲害不是他從手上伸出的鋼鐵利刃，而是他的身體自癒能力，不是刀槍不入，而是受傷會好，他的細胞增生能力強，所以好很快。但現實世界裡的自癒力不是那麼神奇的，卻也容易掌握，只需要找到自己真心喜歡什麼，並且知道在自己難過受傷時，很快地找到那個，並且治療好自己。

以我自己為例，閱讀和運動，是從高中開始就可以快速讓我快樂的事，而且取得成本不高。我跟任何客戶的會議不愉快，只要等等買一本三百元的小說看，就可以進入奇妙的世界，完全忘記煩憂。

運動更是幾乎不必花什麼錢，我去跑個五公里，一毛錢也不必花，半小時回來後，神清氣爽，煩惱追不上我的五分速腳程。

我期盼，我和我的孩子，是金鋼狼。不過這裡的狼，絕不是狼性，是人性，是臺語的郎，「人」啦。因為ＡＩ可以取代任何事務性工作，所以越不像機器人，越像個人的，越有人性的，越不會取代。

面對世界，我是個困惑的人，不敢也從不想給誰建議，我只敢把我本來不知道，剛好最近知道的說說看，希望不要造成誰的困擾。

最後，小小的短詩，給我的孩子和你。

希望，我們都好。

相信自己的身體
相信自己的意志

並且在相信的過程裡
仔細去想可以怎樣對自己好
對人好

你從來不是一個人
你用心在看顧人

更看顧其他人的問題

你總在尋找更好的答案
好回答自己對世界的問題
你思考
並且行動
讓自己成為解答
而不是問題本身

這世界不會立刻變好但你可以

願，跟你說

願抱著泡泡槍走來

「你看，這是我的槍」

我抱起她，輕輕晃

「你看，這是我的女兒」

放下她，大笑，喊

「我還要」

回「你看，這是我自找的」

# Part 3

# 我與
# 這世界

## 你說世界太無趣，那，你有趣嗎？或你有去嗎？

### 時代人物

韓國作家金英夏（김영하），是我非常喜愛並佩服的時代人物。我常覺得，一個時代是被不同人物所塑造，而且通常不是什麼政治人物，比方說，我會覺得塑造出我們這個時代的是賈伯斯，而不是什麼總統（我還要試著回憶一下，到底哎奉上市時的美國總統是誰呢）。你也會很容易地想到村上春樹，至少他好像在我們的青春記憶裡鮮明展現，在每個我們自己徐步前走又猛然回首時，他都立在路上。

金英夏頗有這時代的氣息，他有許多精采絕倫的小說被用影視拍攝的方式再被傳播，他也主持節目，談各種趨勢書籍、教寫作、客串電影、改編劇本，用各種形式參與創作，彷彿沒有他不會做的，沒有他不想做的。

時代前進著，許多時候，是被這樣的人物腳步所帶動。

## 走下去才有驚喜，走出去才有希望

某天，我被邀去一個家庭作客，我沒去過，依著地址搭電梯上樓找到，按了電鈴，卻沒人應門。奇怪，我剛才有傳訊息說我到了呀，對方也回了個大拇指，奇怪，怎麼沒人在呢？

門口暗暗的，跟我平常在臉書看到的感覺不太一樣，雖然臉書上的照片多是室內沒拍過門口，可是你很難想像，一個室內溫馨典雅大方的家庭，會讓門口幽暗到有點讓人心生畏懼。

我再按一次電鈴，電鈴響了，依舊沒人應。

我在這層樓繞了一圈，發現有戶人家，門口清爽，又有綠意點綴，明亮親人，門邊還有瓶酒精消毒，方便來客。我心想，應該是這吧。

撥了電話，男主人果然應聲開門。

有的門，歡迎人進去。有的門，拒絕人靠近。

原來，我弄錯地址了，但地方沒弄錯，那個我想去的地方。

這戶人家有兩位罕病的兒女，說是兒女，姊姊已經二十七歲，弟弟也二十三歲了，因為身體行動不方便的關係，被迫得在高機能性的輪椅上生活。

父母照顧他們已經十多年，時間飛快過去，病危通知不斷，他們卻繼續以優美的笑容在這世上，無視醫學上多數病例無法成年。他們就是奇蹟，我說的是，臉上的笑容。

孩子自身十分努力，而父母更是了不起，看著孩子連吞口水都困難，隨時會有特殊危急狀況發生，每次都是性命交關，比你看過的動作片都刺激許多，可是他們笑笑著面對，還一路笑笑著走進世界去。

埃及西奈山上的星星、澳洲、紐約的自由女神百老匯、合歡山頂、馬來西亞雙子星、倫敦劍橋、舊金山勇士隊主場……他們都推著孩子去，我知道我一定還漏了許多，不過已經沒差了，反正都是些我沒去過的地方，他們身體不方便，心靈卻方便到身歷其境。

因為他們說，走下去才有驚喜，走出去才有希望。

因為他們說，你去看見世界，才會看見上帝是多麼奇妙。

跟這對一直用愛在灌溉我的夫妻聊天，我又想起金英夏。

## 去世界那裡

我覺得金英夏也是刻意讓自己去靠近世界，讓自己去感受那未知，並在面對後感動，同時把所見所聞帶回家，並用文字帶給自己國家的人。

我喜愛他到歐洲旅行，有目的地卻又似乎沒有，有計畫但是非常可以變動的計畫，不，也許該說，他計畫的就是要隨意變動的計畫，那種滿滿的好奇還有隨意感，讓人感到自由。

他遇見一位女子，開懷地徹夜聊天，天亮後又各分東西，前往不同國家繼續旅行，沒想到在沒有任何約定之下，意外地在車站又相遇，那種浪漫，確實就是我們這世代的愛情聖經《愛在黎明破曉時》啊，我作為一個也在歐洲流浪過一個多月的背包客，實在有點羨慕。

羨慕的不是豔遇，而是那開放的胸懷，和面對不確定的把握和珍惜。那會讓人變得強壯，更會讓人對世界充滿想像力。

因為這世界本來就是變動的，可是我們從小的生活，卻幾乎都是固定的作息，類似的場域，身旁的人都跟你是接近的背景，你難免會陷入單調的問題，並會在面對不確定時感受到恐懼。

他閱讀書籍，欣賞電影，並且把自己生活裡的感動、感受拿來對照，我不得不說，他是位非常有創意的人，而且他的心智強壯，願意跟世界學習，並且毫不吝嗇地拿出來。

**願意分享是種慷慨**

說起來，他可以不用這樣的。

如果說知識就是力量，那分享知識、分享所聞所感，不就是把自己的力量給分散出去了嗎？先不管自己的力量會不會變小，但是別人的力量增加了，不也就減少了自身的優勢了嗎？

跟我一樣大學讀企業管理的金先生，一定很熟習當時讀的競爭理論，一定很清楚商業世界優勝劣敗的法則。而他如此慷慨。也許正因為他看見世界的需要。

我很喜歡他在抒發自己的感想時，不只有感，而且有思想。我每次都先是「對對對，我也這樣想」，然後再繼續往下看，又「哇哇哇，他怎麼還會想到這個」，實在很佩服，然後又會想去看他介紹的書籍、電影，他的旁徵博引不會讓你覺得在炫耀，像是我的好朋友小說家黃崇凱，信手捻來，只是想給朋友一點啟發，最美好的是，你跟他聊完天，不只有樂趣，還會覺得自己好像變得聰明了。

一本書就是一個世界，一部電影也是一個世界，他前往一本書一部電影，他從那世界把我們給偷渡過去，讓我們在家就感受到，帶著我們進入那世界。跟他一起，我有種奇特的感覺，自己成為時空旅人，目的地不斷跳動，我覺得自己很被關愛。

感受的觸角增加了，感動的神經被觸動了，感懷的心被安慰了。

他說，一個小說家來寫散文，有點像是拳擊選手卸下防備、迎接對手的感覺。作為一個半調子的拳擊學習者，我理解他的意思，那是一種了不起的犧牲。

我喜愛這本《懂也沒用的神祕旅行》，更喜愛這人的真誠。

讀完書後我稍稍懂了一點點，他在面對世界的問題，那就是世界，他就是一個世界。靠近他，也是靠近世界。

有人說這世界太無趣，那下一個問題是，那你自己有趣嗎？

或者說，世界就在這裡了，那你有去嗎？

# 這才是真的「愛的迫降」

當身邊朋友都在追劇《愛的迫降》時，我在讀《我想活下去》，這難免讓我覺得自己脫離了現實。

我一下子也不太能讓自己有適合的方式排解這個異樣感，因為書中的描述，多少脫離了我習慣的現實，閱讀過程裡，我有許多適應不良。

## 沙丁魚頭肥皂

你有用過沙丁魚頭做的肥皂嗎？煮一大鍋熱水，然後把充滿油脂豐潤的沙丁魚頭丟入，隨著熱水翻騰，結成硬塊，就變成肥皂，可以拿來洗澡洗衣服洗頭髮，唯一的壞處是，會有魚腥味。

讀的時候有種非現實感，因為我超討厭魚腥味，要是手指有那麼一點味道，我就會努力認真用肥皂刷洗，並且不斷拿到鼻前嗅聞，來來回回，直到一點餘味也沒有。

可是，如果用來讓你的身體潔淨的肥皂，充滿了魚腥味呢？那到底要怎麼辦好？到底要不要洗？

有些潔癖的我一直想著，有點沒答案，有點不知如何是好。

然後想，這大概是很久遠以前的事吧，應該是我們印象中的戰爭時期，至少有個七、八十年前吧？

我錯了。

主角只大我八歲，換句話說，她說的是現代發生的事。搭配上她說每年都有的一次上百公里的遠足，唱著以下這首歌，歌聲在山谷間繚繞，我想像著，那該是多麼地怪奇。

**〈世上已沒有什麼值得我們羨慕〉**

晴天朗朗，滿心雀躍

手風琴的樂音飄揚天空

人民快樂地生活在一起
我愛祖國
我們最敬愛的父親金日成
我們的家，在黨的懷抱
我們都是兄弟姊妹
這世上已沒有什麼值得我們羨慕

## 虎毒不食子？

我想特別來談書末尾幾章的逃亡。

我們看好萊塢電影的習慣，任何逃亡主題的電影，都是在辛苦到達目的地後，一切變得美好，再也不那麼辛苦。王子與公主從此過著幸福美滿的生活。我們也總為過程之中，家人間的情感動容，甚至掬下一滴淚。

這裡不太一樣。

她在姊姊、姊夫的鼓勵下，帶著她及弟弟，拋下久病的父親，逃亡到中國。先是一連串的驚險，在警衛追問下驚險過關，然後在寒冬裡走過結凍的圖們江，經過幾個人蛇的波折，終於見到先一步逃離北韓、一年未見的母親。

這是亂世裡難得的團聚，但她說，母親眼神游移，不敢跟她接觸。

接著母親告訴她，她隔天必須要離開。實際上，是把她賣給了人肉販子。她這才知道，一切都是預謀好的，因為北韓年輕女子在中國可以賣到好價錢，母親、姊姊和姊夫都知情，所以計畫好要把她帶到中國賣，好換取金錢。

我當下好震撼。

不都說虎毒不食子嗎？怎麼可能會有母親這樣對待自己的女兒？

再看那時間，是一九九八年。

我正在享受我的大學生活，第四年，沒什麼課，每天都在打球，開心地和同學聊天。陽光灑在我身上，我沒什麼煩惱，風吹在我臉上。頂多想到和女友不太順利，頂多，這種雲淡風輕的困擾。

我頂多想到，一九九八年我去當兵，不太習慣團體生活，但也頂多一個多月的新訓，我還忍受得了，而且你知道那是有期限的，過一天就少一天，你看得到隧道出口的光。

在那同時，她被送到市場裡，供人出價，而在那之前，先被人蛇集團性侵。她被賣到市場前，和家人一句再見也沒有。被買下後，她沒有身分，被丈夫性侵，被村人當作奴隸，下田耕種好養整天喝酒的先生，並在夜裡被毆打後性侵。看到她的遭遇，我想的是，這算是哪門子的投奔自由？看到她的母親，我想到的是人性在殘酷的時代，只能比時代還殘酷。

## 逃亡的殘酷

二〇〇〇年，我進入廣告公司，在光鮮亮麗的信義區，第一次進入職場，想著周杰倫的第一支廣告。而她在東北冰凍的田間，養著自己的第一個孩子，並被中國公安逮捕。

公安告訴她，父親是中國人的孩子送回北韓會被殺掉，不如賣掉，分公安一半的錢，她就可以大搖大擺地走出去。

公安跟她要五千元，一個小孩只賣一萬元。適逢中國新年，公安先放了人，要她新年後再來繳五千元。

她逃了，逃到牡丹江市，逃到哈爾濱市，中間不斷被欺負，但為了孩子，她吞下去。直到二〇〇四年再被公安逮捕，關進監獄，跟孩子被迫分開。

那一年，我在奧美廣告絞盡腦汁的做著ＮＩＫＥ的廣告，努力想要在廣告競賽裡拿下大獎，那年我透過窗戶，看到底下的人潮滿滿的排著隊伍，因為喬丹來臺。透過新聞，當年，我們許多人都因為喬丹快閃而有點失望。而她的失望，跟我們比起來也許該叫作絕望，她在牢裡幾近瘋狂地想著孩子，卻得接受生離，將被遣送回北韓勞改的命運。

她被送回北韓前，關在中國監獄裡，害怕被獄卒性侵，等回到北韓後又是監禁再送勞改營，直到腿部受傷感染要被截肢後才被放出，在偉大的祖國，成為無家可歸的流浪者。

她只能再次偷渡回中國。

我看到這，有些傻眼。中國對她的傷害，根本不下於偉大的北韓祖國呀！怎麼會有人願意重蹈覆轍，再次忍受逃亡過程裡可能的被性侵，更別提就算到中國，也只是另一樁悲慘命運。

答案是，為了兒子。

看到她的努力，我想到的是人性在殘酷的時代，卻能比時代還殘酷。

## 愛的迫降

後來，她再度偷渡回中國，並帶走兒子，尋求英國的政治庇護。現在兒子在倫敦知名大學就讀，她為國際特赦組織拍了一部關於人權的紀錄片。

與她同時代的我們，在讀這書時，到底能學到什麼呢？我一下子說不上來，太複雜了，太難以下嚥了，但又覺得一定要試著做些什麼。

理解自身的幸福，理解他人的苦痛，並且試著理解那苦痛隨之而來的極端，同時在為自身的幸福慶幸時，隨時準備好為它奮戰。

我看完全書後，深深覺得，她的人生，才是真正的「愛的迫降」。

願，跟你說

願說，
窗簾上，亮亮的地方，
像笑笑的眼睛，

# 有眼的就該看

## 04:00 AM

凌晨四點，因為時差，我清醒。

很想好好地睡，但女兒說她肚子餓，我說，我們再試試看睡一下好不好？她試了，但沒有辦法。

後來開始唱起歌來，〈You don’t know I don’t know〉。因為是即興創作，我是世上第一個也是最後一個聽到這首歌的人，儘管我閉著眼睛假裝睡覺。

終於，我意識到無法讓她繼續睡，或者說，我意識到她讓我無法繼續睡，我只好起來幫她烤吐司，結果她玩著玩著，就忘了要吃我烤好的吐司。

吐司涼了，我的心沒有。

因為我昨晚讀的《邪惡的見證者》讓我意識到，我正在見證一段幸福。

**你知道些什麼？你記得些什麼？**

很多人會說，過去的事就讓它過去，幹嘛提起。

是呀，幹嘛提起呢？

事實上，那些殘酷的故事，都不是什麼你可以輕易說是怪物做出來的事，而是一個一個跟你我一樣，原本平凡也沒什麼兇惡基因的普通人，在歷史的那當下，做出了選擇，儘管在當時，他們或許不覺得有其他選擇，更不清楚歷史就是這樣形成。

如果我們不去觀看，我們都有可能再犯下一樣的錯誤，傷害其他的人。

我的母親因為車禍腦傷，造成有記憶力喪失的問題，她能記得的時間只有五到十分鐘。

她還願意跟我說話時，會問我當兵沒，我會回答她，那已經是將近二十年前的事了。她會緊接著追問，那你有在工作噢？那要存錢，存老婆本。

當我回答她我已經結婚快十年了，她會勃然大怒，責怪我怎麼結婚沒找她去？這時，我得趕快找出結婚照，給她看。這時她會露出靦腆的表情，說抱歉她忘記了，下一句，就會笑著說，「不過，恭喜你耶，竟然有人願意嫁給你。」

我總愛說，別人家的我不確定，我家的結婚照是有用處的，它讓我的母親每天都有機會，為我開心。

有時，望著我的母親，我會想，如果我們不知道真相，也不記得真相，那我們和失憶症又有什麼兩樣？什麼重要的事你都不願意記得，那憑什麼你可以有記性呢？那對我母親來說，會不會不太公平？

你知道些什麼，決定你對未來的判斷。
你記得些什麼，更決定你對於價值的取捨。
甚至，也決定你這個人在這世上的價值，和世界該如何取捨你。

## 法蘭克福機場

去過歐洲的人，大概很有機會到法蘭克福機場，因為那是個重要的交通樞紐，不管要到歐洲哪個國家，都有很大機會會在這裡轉機，這裡甚至是許多人踏上歐洲土地的第一站。

只是拉著行李箱快步奔向美麗歐洲的我們，不太有機會知道，這個繁忙的國際機場，竟然也有屬於它的一段納粹歷史。

一九四四年，一千七百位匈牙利猶太女子被迫來到這裡，為了強化納粹空軍戰力，拖著孱弱身軀，扛著比自己還重，高達五十公斤的砂石，一步一步蓋出法蘭克福的第一條飛機跑道。

年紀最大四十五歲、最小十三歲，許多人在過程裡被守衛活活打死，或者在殘酷不人道的折磨中沒有尊嚴地死去，一千七百人中，最後只有三百三十人存活。

到了一九七〇年，一位倖存者回到這裡，當她向市政廳詢問集中營遺址和紀念碑時，市政廳的人員十分疑惑，因為在他們的認知裡，法蘭克福這裡並沒有納粹集中營，他們認為這位倖存者記錯了，感到十分不解。

整個集中營的歷史被完全抹去。

直到經過數十年後，當地的學生們意外在某份集中營資料裡，發現自己家鄉的名字，而出身當地的他們不曾聽家鄉父老提及，感到十分好奇，開始研究爬梳，拼湊出這段確實存在的歷史，他們甚至回頭找上當初承包這個機場工程的營建公司，呼籲能夠針對受難者發表道歉聲明並賠償。

這項倡儀在多年後因為成為地方的重大活動，終於成真，他們邀請十九位匈牙利的倖存者回來，並一一念出那一千七百個名字。

我的眼淚在這裡泛滿，我女兒問我怎麼了。

我說，眼睛痠。

**有眼的就該看**

實在很感激蔡慶樺讓我知道這個故事，那沒有讓我比較好過，但或許可以讓我有機會變比較好一點，甚至，讓我有機會幫我的孩子多知道一點，多記得一點。

那會讓她好一點。

我看著年幼的她，希望她不需要經歷那些姊姊們的悲慘故事，而那並沒有人可以向我保證。

唯一可以做到的人，是我自己。

當我知道這件事，記得這件事，在乎這件事，並且試著告訴別人這件事，我們才能有機會避免這件事再度發生。

見證這些見證的我們，當然是見證者。

邪惡害怕我們看著它，直視它，因為隱蔽躲藏是它滋長最好的養分。它吃的不是別的，正是其他人的「別過頭去」，一如愛因斯坦當初在普魯士皇家科學院中，因為猶太人的身分被迫離去，其他院士的「別過頭去」，並不比納粹來得不邪惡。

你當然是個見證者，除非你閉上眼睛。

而那，讓你和沒有選擇而失明的人有什麼兩樣？

不，你糟糕許多，因為你有選擇，你做了選擇。

比起這些恐怖的事，更恐怖的是，不看。

同樣的事情，現在也在我們的網路上看得到，你不看，你不管，讓它一個集中營一個集中營的蓋，而最後，也許你不再只是從外面看，你可能得從那裡面看外面，並且看不到外面。

不過，也有個稍稍好的消息，就是當我們看著它、傳講它、警戒它，它就不那麼有機會再度發生。

當我們願意去見證邪惡，邪惡自然會膽怯的，它會的。

你該見證，你當見證。

那讓你勝過邪惡，那讓我們勝過邪惡。

# 世代（抓）交替

## 在道路上讓路

昨晚和願、妻及果去散步，我們走在沿著溪流舖設的步道，開心地聊天，臘腸狗果果在路上快步走著，享受夏夜晚風，才五歲的願和十三歲的果，兩個年紀相差甚遠，果以狗的年齡來說，已經是九十一歲的老人，但兩個一樣都是，小短腿。

來到一個坡道，眼前對向有兩、三位行人朝我們走來，在他們身後一個六十餘歲男子騎著腳踏車，試圖要超越他們，因此逆向，騎到我們這個方向的步道。因為他是下坡，又有點速度，妻趕緊牽著狗到對向的步道邊去，免得被他給撞上。

妻還把狗拉住，原地站著，靠到對向步道的最邊邊。

那六十餘歲男子在我們這邊的步道上，也就是逆向，超越了跟他同方向的人群後，又回到原來步道，他騎過暫時停步駐足的妻後，穿過我身旁，嘴裡叨念著「走錯方向了啊」，一臉不耐煩。

一開始我沒聽懂，後來才恍然，原來他在責怪妻，責怪妻在他前進的步道上，儘管完全沒有妨礙到他，更重要的是，妻是因為他逆向超車，被迫從自己原來的步道趕到另一向去。

我當下覺得很不舒服，要不是手上牽著女兒，我一定馬上衝上去，追上他的腳踏車，好好跟他理論。

而在前頭禮讓那六十餘歲男子的妻，並沒有聽到。

後來我說給她聽時，她滿臉驚訝。

## 世代交替的比喻

我近期很關注一個未爆彈，感到焦慮，但又還沒找到方法解決，那就是世代交替。

所在的位置不同，各自的觀點對眼前相同的事件，卻有截然不同的解讀。總是不倫不類的我，也許可以試著用這個例子，做個不倫不類的比喻。

那位騎在腳踏車上、輕踩踏板就可以快速前進在人生道路上的年長者，你可以把他看成我們社會中，站在較優社經地位的長輩，在他眼裡，或許我們這些用自己的腳緩步前進的晚輩們，擋到了他的路。

或許他心裡也沒有刻意，但就是覺得，這些年輕人怎麼不努力點，怎麼還在用走的，怎麼不像他一樣騎腳踏車。

他心想，拜託，當初他可是花很大的力氣，才有這輛腳踏車的呢。

但其實，那腳踏車不是他創造的，他不曾也沒有能力獨自製造一輛腳踏車，他只是騎上去。而且仔細看，這腳踏車也不是他花了畢生積蓄努力才擁有的，那是uBike，他只是付出小小的代價，就擁有騎在上頭的權力，但因為他騎在上頭，視角的關係，讓他以為自己高高在上，也表現出高高在上的模樣。

你說，那你們怎麼不像他一樣騎腳踏車呢？

噢，因為眼前所及，並沒有另一個uBike租借點，我們無法像他一樣，輕鬆地坐上腳踏車。不是我們不努力，也不是他比較努力，只是在人生的道路上，他那時候遇到一個點，讓他騎上了腳踏車。

那，你們這些走路的怎麼可以不讓路給騎腳踏車的他呢？

噢，我們讓路了呀，卻還被喃喃碎念咒罵。

還有，這條路不是專屬於腳踏車，我特意仔細看看路邊的標示，這是一條人車共用的道路，甚至提醒腳踏車騎士要小心並禮讓行人。

最重要的是，這條道路也不是腳踏車騎士的，是我們大家一起出錢鋪設的，是我們大家一起努力認真創造出來的，並不是騎在腳踏車上自認為高高在上的他獨力出錢完成的。

喔，連他屁股底下的uBike，也是走在路上的這些行人們幫忙出錢購置的。

還有，這是條步道，人們可以選擇用步行的，那並沒有比較差，那是一種前進的方式，甚至是多數人選擇的方式。並不是每個人都想要騎腳踏車。

而且每個人都是先成為行人，這也是為什麼許多國家的法律會規定要禮讓行人，因為那是保障多數人的基本權利。

當然，還有個剛提過的狀況，就算想選擇騎腳踏車，附近並沒有另一個可租腳踏車的點。

相對於那位六十餘歲男子的時間點，年輕人較缺乏機會，站上去。
為了閃避違規逆向的腳踏車，行人讓到一旁，卻還惹來奚落、咒罵。
不知道為何，這一切讓人感到些許悲傷。

## 媳婦熬成婆

資深一點的人拗資淺的人，所謂媳婦熬成婆，當然，這絕對是性別刻版印象，我們究竟為何不說女婿熬成公，其實某種程度代表著女性在傳統父權社會裡是被打壓，至少是得被「熬」的，這絕對可以從這句俗語使用的性別強烈感受到。作為一個女兒的父親，我期待能早日不再有「媳婦熬成婆」的說法，我們人人都能平等，相互尊重。

我想繼續討論的是，「媳婦熬成婆」在各個領域裡，都有種被欺壓者成為欺壓者，受虐者成為施虐者的背後潛臺詞，彷彿就一定得這樣，彷彿，這就是合理的。

我真心不希望是這樣，為什麼不能有個快樂的媳婦？為什麼不能有個疼媳婦的婆婆？為什麼我們要為難彼此？這不會讓我們比較進步，這甚至多數時候會釀成悲劇。

## 梯次操

當兵有學長學弟制，在我一九九八年入伍時，還有梯次操。就是晚上晚點名後，學長私下集合全連上陽臺，學長做一下伏地挺身，接著依梯次，多一梯次的多做十下。

會有幾梯呢？一年有二十六梯，當時的兵役有兩年，所以最菜的跟最老的會差五十二梯，認真算起來，最菜的可能得做到五百多個伏地挺身。

那當然是在磨練新進人員的體能，更多時候也是在破壞對方原有的自尊，因為過程裡，不只是單純的體能訓練，還搭配言語羞辱，這在過往舊時代是為了強化軍隊戰力，培養戰鬥時對下達的命令的服從性，好確保任務可被執行。

但到後來確實也衍生許多問題，釀出不少悲劇，因此被軍方認定為不當管教，是違法行為。

在真實世界裡，沒有上下階級的區分，更沒有任務執行的服從性要確保，我們又何苦給彼此梯次操呢？

## 長輩

我憂心的還有一件事，最近「長輩」這個詞，比較接近貶義，而不是褒義。

比方說「長輩圖」，通常意味著顏色鮮豔花俏到幾近眼花撩亂，對比色強烈，構圖設計不佳，字體多樣、大小紛陳，缺乏視覺主體，背景圖可能是蓮花、夕陽、鳥飛過，但都是全彩，你平常很難在別的地方看到這種圖，看到時也會有種俗豔感。

老氣加上土氣，可能是許多年輕人打從心裡頭不認同的美學。

只是，為什麼要說是長輩圖呢？法蘭西斯柯波拉、李安、村上春樹、坂本龍一都是長輩呀，我們會覺得他們跟這種圖一樣嗎？會覺得他們會傳這種圖嗎？

換句話說，我為「長輩圖」這個詞感到不平，那類型的圖不是我們的品味，但說這種圖叫作「長輩圖」，確實也對「長輩」這個詞不太公平。

最重要的是，眼看著，我只會越來越接近長輩，我無法越活越晚輩。

我真的好害怕，成為被討厭的長輩呀。

真的。

## 抓交替

世代交替本來就該時時發生，一直發生，只是相較於過往，我感到有種不安的氣息，嚴格說來，今時今日比較像是，抓交替。

什麼是抓交替呢？

這個是民間傳說啦，就是枉死的冤魂為了讓自己可以超生，於是抓下一個生人，好讓自己可以超脫，前往下個旅程。

也有點像大風吹的概念，讓下個人沒位子坐，只好當鬼。

這聽來當然令人害怕，當然感到恐懼，不過，有時，我覺得現實裡正在發生的，似乎更加可怕。

以抓交替來譬喻世代交替或許很不恰當，但真的是某些年紀較長的人，嘴裡沒說出來但實際心裡是這麼想，同時也正在這樣做的。

我覺得，很悲傷，也很可悲。

這樣說好了，當你把下一個世代的人當作自己的提款機，把下個世代的人當作你此時此刻快活的發電機，而核廢料卻得由他們去承擔，我覺得真的很可惜。

你把自己小看了，也把對方給看小了。

最重要的是，這又何苦呢？

何苦被厭惡，何苦被當成鬼？

若可以，我比較想當守護者，做守護神哪。

## 一路上有你

我爸跟我說，你大概沒辦法做有錢人，那就盡量做個讓人懷念的人。

眼看著我的位置逐漸朝長輩的方向前進，我做任何事都無法減緩這個傾向，我只能試著做個好長輩，或者在那之前，做個好人。精確的說，做個像我爸一樣不麻煩人的人，不剝削別人的人。

那從來就不容易，我們都在自己不清楚的地方傷害了人，但至少在自己有意識的地方，盡量不要主動地去傷害人。

與其要被稱呼為長輩，我更想用資深人員來形容自己。長輩總讓人想到倚老賣老，也許我們可以提醒自己，多多體貼、多多體諒，像個真正的資深人員，有事盡量擋在前面，有單要買盡量搶在前頭，有資源盡量分配給需要的人，你的一舉一動，孩子在看，世界在看，你自己更是看得一清二楚。

我想起一首老歌。我年輕時的歌，如今，在KTV裡都是放在懷舊老歌的類別了。

一路上有你，苦一點也願意，就算是為了分離與我相遇。

一路上有你，痛一點也願意，就算這輩子註定要和你分離。

我想，這比較該是做人家長輩的樣子。

孩子終究要跟我們分離，但我們可不要留給對方的，除了回憶，還有痛苦。

我們的苦一點，也沒多苦，不會比年輕世代來得苦，你光想想環境已經被汙染成如此惡劣了，那是他們得繼續比我們多活好幾十年的環境呀。

我們的痛也不可能多痛，不會比年輕世代來得痛，他們光新鮮人起薪就比我們倒退好幾十年，更別提購屋成本換算成薪資更要比我們多出好幾十年，他們的那種痛是從進社會的第一天就痛，而且不知道會痛到哪一年。

你說，那他們不要買房子就好。對，那因為供需法則，你手上的房子馬上會跌價。老實說，你是不是不能接受？

就像《湖濱散記》的作者梭羅曾說的，地球不是我們的，是跟後代子孫借的。我們遲早會消失，遲早會離開。世代必然要交替，別輕易讓世代交替成了世代抓交替。那只是讓資深的你這輩子冤枉了，成了冤死鬼。

要也要是下一代的守護神呀，守護下一個世代。

像你的爸媽一樣。

# 願，跟你說

願說，「有時候果果會做夢，
發出嗯嗯聲音，抖一下」
「對啊」，我漫不經心回答。
「我有時候也會這樣，睡覺
時以為骨頭人在我的腳下，
但是那不是真的，是我想的」
「那你會怕嗎？可以跟把拔說」
我很心急的回她。
「會怕啊，但是，把拔……」，
「你不會一直在我旁邊，
我要自己想辦法」

# 愛在瘟疫蔓延時

## 世界不安定

現在是凌晨四點，我起床了。

我知道村上春樹四點起來寫作，我有一位很佩服的朋友，也是四點就起來運動，跑步、游泳、腳踏車，和鐵人三項略有不同，他沿著森林公園或走或跑一小時，再去游泳池游兩公里，然後騎腳踏車去菜市場買菜，他稱之為老人三項。

我喜愛的，似乎都是這種安安靜靜的，在人們眼中的背景裡，靜靜地做著自己的小小挑戰。

其實每一步都很累，都很想放棄，卻又做了每一步。每一步都是變化，都是移動，可是加總起來，卻又那麼穩定，那麼平靜，幾乎教人安心。

世界不安定時，更要試著安定自己。

這一年，因為新冠肺炎，不確定的狀況不斷出現，你很難確定自己是安全的，也不太清楚生活上的安排，是不是隨時會被改變，這種狀態，要是以人際關係來說，最是耗費心力。

病毒帶來的不確定性，包括生理上的感染風險，讓人害怕，讓人在意疫情到底有沒有被控制，擔憂遭感染的人有沒有被好好的隔離和治療，當然也擔憂自身和家人的健康。

不過，我意識到，在這之外，好像有更不好說出口的情緒流動著。

比方說，挫折感。

## 打擊率

家人去買口罩，時間不巧，走了十間超商，剛好只有一家有。

打擊率一成。或者你也可以說，是心靈被打擊率，一成。

仔細想，這確實和平常我們的生活不太一樣，臺灣做為全世界超商第二密集的國家，在城市裡生活的我們很習慣，隨時，注意是隨時哦，不管是凌晨四點、下午一點，你可能只要花五分鐘之內的移動時間，就可以走進超商，買到幾乎任何你想要的東西，不管是服務還是商品，不管是演唱會門票、高鐵車票，還是一杯水準極高的咖啡。

這在世界各國，都是一個極為不同的生活方式，我們身在其中，不會感到特別方便，因為太方便了。只是這樣的生活經驗，最近難免有點改變。

你要買口罩，結果失望了，一種淡淡的，無力感。

你覺得你似乎被三振出局，而且連續幾個打數都不太行，你好像不像平常的自己，你眼裡的自己，不如你以為的好。

但我跟你說哦，這沒什麼的，是我們平常太美好了。

口罩的購買方式後來改成實名制，以健保卡購買，以避免囤貨，並且以奇、偶數日的方式分流購買，我覺得都是從善如流、充滿彈性的行政措施，確實得為政府這樣快速的應變能力拍拍手。若以口罩的購買打擊率來說，我們還是全球前一、二名啦！世界上許多買不到口罩的國家，價格更是隨便人家喊，賣到我們的幾十倍價格都有。

只有無所缺的人，才會如此敏感。我們都成了豌豆公主，疊了幾十層又鬆又軟的床墊，底下一顆小小的豌豆，我們都能夠察覺，還因此睡不好覺。

哈哈哈。

## 生存家族

有部日本電影叫作《生存家族》，講一個尋常的日本家庭，中年的爸爸在公司當個部門副手，兒子大學，女兒高中，媽媽是家庭主婦，有著尋常的家庭問題：溝通不良、感情疏離，兒子甚至不跟家人說話，爸爸罵得要死，但也沒辦法。

有一天早上起來，所有電器都壞了，燈不會亮，鬧鐘不會響，連水都沒得用，因為抽水機不會動。原本通勤的地鐵停駛，人們走路上班，到辦公大樓卻進不去，因為電動門不動。跟著，學校停課，公司停班。人們發現得趕快去搶日用品，排隊要結帳時，收銀機不能用，只好用算盤。

日子一天一天過去，東京市的人發現沒有食物了，恐怕得移動到平常瞧不起的鄉下去了。一家人騎著剛買、且是店裡最後一輛腳踏車，一路辛苦跋涉，終於到了機場，當然飛機也不會飛。於是，全家決定橫跨整個日本，到鹿兒島去投靠外公，雖然以前外公寄來的菜和魚都沒人喜愛和理會，但一切都不同了。

你以為可以的都不可以了，你原本只會上班，可是現在需要的是，會活下去。流浪漢活得很好，把公園裡的魚釣起來，做成魚乾，露宿在外也怡然自得。你會鑽木取火嗎？我想了一下，我有點忘記怎麼弄了。遇到河流，你可以游泳橫渡，那你好不容易收集的物資怎麼辦？你可能得收集木頭，綁成木筏。

沒有Google Maps，你要怎麼去另一個城市？走省道嗎？你上一次靠自己走省道是哪時候？那省道如果斷了呢？你還會走嗎？

我承認，臺灣有許多道路我連開都沒開過，更別提哪條接哪條，要是主要的高速公路沒了，省道不通了，我不太知道怎麼回到我的故鄉。

## 日常的挫折感是種祝福

你覺得做每件事都會成功，所以當不成功時，心裡的挫折感自己加成了。但那些你以為是自己做成功的事，其實都是別人幫你做的呀，只是因為你可以購買，所以會有種錯覺，我們可以。但其實，你跟我一樣，連口罩都不會做。

沒有預期的失敗，總是會有些心理上的衝擊，那是我們可以忍受的，也應該忍受的。雖然隨之而來的自我懷疑不太好受，但我覺得這真的是種美好的提醒。提醒我們，歲月靜好，其實是有人替我們負重前行。

我們在職場上難免為了增進自我自信心，給自己打氣，刻意表現出一副「我來、我行」的樣子。可是說真的，我每天吃豬肉，但其實只看過一次豬走路，更沒殺過豬，也不覺得自己可以殺豬，但是拜託，如果不殺豬，怎麼有豬肉吃呢？那我平日的那些了不起，是不是也是種虛妄呢？

更別提，要是非洲豬瘟傳進臺灣，就算我好不容易鼓足勇氣，並學會殺豬的技巧，也還是沒有一隻可以安全食用的豬給我殺來吃呀。這樣說來，我該不該感謝其他人，我該不該好好為現在擁有的一切真心感恩呢？

經濟的發展十分美好，不過難免會讓我們不斷把眼光往上放，卻忘記那些似乎在下面的，才是真正奠基我們的。

我們花時間研究名車、昂貴的手錶，好創造自我價值，好讓我們在群體裡看來有些不一樣，那很好，也沒問題，只是我們會不會太少把目光放在那些真正支撐我們的日常？

觀點單一，缺乏彈性，少了觀看的角度，再怎麼說，都是離創意思考較遠的。

電影裡，人們排隊去跟米店的老婆婆換米，有人拿魚來換，有人拿菜來換，排了老長的隊伍，有人拿出錢來，老婆婆說，你這個現在不能用了。有人摘下手上昂貴的手錶，老婆婆破口大罵，你把這個拿走，我要這種沒用的東西幹嘛！後面排隊的女生，趕緊提著自己昂貴的名牌包訕訕離開。

電影當然只是電影，不過，那當然也是個提醒，提醒我們盤點一下，我們到底擁有什麼，那個「什麼」讓你感到滿足，讓你活下去嗎？就如同這些日子的不方便，才讓我們記起原來平常無感的方便，有多方便。

你是被多少人捧在手心裡生活的呀。

而你看不到這些人，你眼裡沒有這些人。

你是什麼人？你又連結了什麼人？

和朋友的孩子到不同國家旅行，剛好朋友的朋友開了輛硬頂敞篷跑車來，好意開了篷，讓我們可以兜風看風景。

我沒坐過敞篷車，十分新奇，視野開闊，眼前的風景毫無阻礙，在眼前飛逝，風輕輕地吹著，太陽灑在我的臉上，很舒服愜意。

轉頭看，朋友的孩子卻盯著手上的手機。

其實，敞篷車也沒什麼，跟我們搭小貨車坐在後面是一樣的視角，但，重點是眼前的風景呀！明明眼前的風景孩子沒看過，我也沒看過。

我們每到一個地方，就常要連上網路，每個APP也會分別在不同的裝置上，幫我們連結世界。可是當我們和網路世界連上線，卻似乎和眼前的世界斷了線。那些裝置隔在我們中間，隔在我們和人中間，隔在我們和世界中間。

《生存家族》裡，一家人從日常的無法溝通，各自看著自己的螢幕，到沒有電，裝置無法作用，得面對眼前世界的種種難關。一開始會彼此抱怨，再到一起經歷，最後，感受到彼此的真情真意。

我開始覺得，會不會太多生活裡頭的方便，讓我們不太方便去關心身邊的人？

據說，賈伯斯當初發明iPhone，把電腦、相機、數據機放在一起，是為了讓大家工作有效率，好多一點時間跟家人相處。我常開玩笑說，要是他復活，看到現在一家大小在餐桌上看著各自的手機不說話，應該會氣得自殺吧。

有些朋友收到朋友寄來的三片口罩，開心地拍照放到社群網路上；有些朋友在抽屜裡翻到放了許久的口罩，開心地說比翻到幾千元，還值得慶幸。

我覺得很好，這些都很好。

其實，那些行動裝置沒有錯，只是，我們自己少了行動。

關心瀏覽數，少了留心愛意觀看生命的行動。

在乎觸及率，少了真實接觸觸及人心的行動。

在意按讚數，少了動手把事做得夠讚的行動。

直到沒有選擇時，我們才意識到，家人是我們最好的選擇。

你愛人，不是因為你偉大，而是你會過得好一點，在這有點不容易的時刻。

# 隔離下的親密

## 隔離

最近可能是我們有史以來最常聽到「隔離」字眼的時候，許多時候是沒有辦法，為了防止疫情擴散，為了避免我們無意間傷害了其他家人朋友。

而居家檢疫十四天，對許多人來說，大概也是全新的經驗，許多人捺不住寂寞，跑出門去購物、訪友，製造不必要的風險。當然還有隨之而來的罰款，有一百萬元的，有七十萬元的。

這些都是過去我們似乎無法想像的，但，並不是沒有發生過。

臺灣作為一個大時代的中心，我們聽過許多老兵少小離家，再次回老家時，已經是白髮蒼蒼的老人，見不到母親最後一面。

回頭想想，柏林圍牆不也是一種隔離嗎？

而且那個隔離是長達數十年，發生時許多人也猝不及防。早上去工作，傍晚發現回不了家。更別提生活方式的沒有選擇，那個時代確實存在，且距今不遠。

時代以它的腳步前進，作為個人，有時渺小，有時無奈。可是比起來，我們還是有機會的，藉由各種通訊軟體，我們有機會和我們在意的人保持關係，我們仍擁有親密的關係，甚至也許可以更加靠近。

## 冷戰諜魂

我正在聽柏林愛樂和卡拉揚的〈布拉姆斯D大調2號交響曲〉，這是一九六五年演奏的版本，距離現在已經有五十五年了。

那一年裡，約翰．勒卡雷的間諜小說《冷戰諜魂》在出版了兩年後被拍成電影問世。有趣的是，這本被認定為史上最偉大的間諜小說，除了得到CWA英國推理小說作家協會評為金匕首獎外，美國版也得到愛倫坡獎，這是史上首本獲得兩個最高榮譽的推理小說。更難得的是，在五十年後，英國推理作家協會針對五十本金匕首獎再做一次評選，從中選出獎中之獎，這個無上的榮譽就落在這本鉅著上，而書中故事發生的主要場景，跟柏林脫不了關係。

一九六五年，冷戰方興未艾，柏林圍牆已經築起，東西柏林被分隔開來，而美國和蘇聯的角力最前線，就是在柏林，許多的諜報行動都發生在這裡，有些人員可以藉由外交、文化或經濟活動，穿梭圍牆兩側，但更多的是以身分掩護，好從事我們如今感到神祕且好奇無比的祕密行動。

主角利馬斯就是英國情報局派駐在柏林站的主管，這裡的局勢詭譎，雙方都派出情報員吸收對方的線人，再私下傳輸情報。利馬斯手下的一位重要東德線人被破獲槍殺，導致利馬斯花力氣建立起的整個情報網被破壞殆盡，同時也意味著在英國情報局內有一位對方的線人，利馬斯也因這個失敗的任務被召回英國。

故事在這裡進入一個巨大的轉折，英國情報局的最高主管「老總」對利馬斯提出了一個不尋常的要求，他要求利馬斯表演，假裝是個被英國情報局放逐被迫退休的潦倒情報員，好吸引東德情報機構吸收他，作為策反的對象，好讓他能夠去陷害當時東德情報局的最高首腦穆恩特。

利馬斯接受了這個職業生涯的最後任務，他讓自己酗酒，流離失所，鎮日抱怨，最後離職到一個圖書館做非常低薪的工作。他在圖書館任職時也是個不稱職的僱員，並和當時的女同事麗茲有了戀情，兩人同居，直到因為醉酒鬧事，打傷了一位雜貨店老闆，入獄服刑，兩人失去聯繫。

他的種種作為，都讓人覺得他對英國情報局不滿，符合東德吸收的標準，果然，在他出獄後，東德情報人員在倫敦的公園跟蹤找上他，說要給他一個工作，實際則是要策反他，吸收他，好榨取英國情報局的機密。

他也順勢欲迎還拒、幾番折騰後，被帶到荷蘭，又帶到東德去，接受金錢餽贈的條件，開始提供東德過往工作上的情報，而負責訊問他的則是東德情報單位的二把手費德勒。費德勒一直和一把手穆恩特有些心結，除了職位的競爭關係外，穆恩特也是一個前德國納粹，一直瞧不起猶太人身分的費德勒，兩人的明爭暗鬥，波濤洶湧。

終於，在利馬斯提供的情報中，包含幾筆英國情報局提供的鉅額金錢匯到丹麥和瑞典等國家，而根據利馬斯提供情報顯示，那幾筆錢匯入的時間，正和穆恩特因公出差到當地的時間波段相吻合。

一直處心積慮懷疑穆恩特的費德勒，視之為難得的證據，提出報告，對穆恩特做了最嚴厲的控訴，指證穆恩特背叛了東德，成為英國軍情局的祕密線人。

在東德的祕密法庭上，眼看穆恩特就要被審判拉下臺，這時，突然穆恩特的辯護律師傳喚了一個證人——麗茲，利馬斯在倫敦時同居的女友，竟被共產黨以交流名義從倫敦一路帶到東德。她在庭上做證，包含莫名收到一大筆金錢，以及利馬斯的房租後來是由英國情報局的人去付清，透露出利馬斯背後有英國情報局金錢資助的證據，也間接證實了利馬斯是被操作來陷害穆恩特的棋子，而費德勒著了道。

當場，費德勒被收押，穆恩特重掌大權，利馬斯和麗茲則分別下獄，被關在東德的監獄裡。

劇情在這出現大翻轉，利馬斯和麗茲被祕密釋放，並被告知必須在當晚午夜時分，駕車開到柏林圍牆邊，會有人接應，而東德的邊境警衛會以探照燈，讓他們爬過圍牆。

在兩人急忙開向圍牆的路上，麗茲追問利馬斯到底發生什麼事，利馬斯這時也才清楚自己在整個計謀裡的功能。原來真正被英國情報局吸收的確實是穆恩特，因為事跡即將敗露，老總想出了個計中計，刻意讓利馬斯被東德吸收，創造穆恩特被陷害的證據，但又在後面故意敗露出英國軍情局資助利馬斯的痕跡，等於強化了穆恩特的忠黨愛國。

當然，穆恩特試著以他的力量，讓利馬斯和麗茲可以逃回西柏林，但事實上，從英國情報局的角度，恐怕也並不希望麗茲返回，因為可能會洩露整個駭人的反間計，竟然利用了無辜的英國人民麗茲。

利馬斯意識到整個設局，這時，他用自己的自由意志，選擇在柏林圍牆邊和麗茲共赴黃泉。

你可以感受到這是個有點難受的故事，不過也可以看到，或許有那麼些可信，有人曾經這樣受苦，為了更崇高的目標。

**分隔線**

我曾經到柏林圍牆的遺址看，事實上，現在每年柏林影展的舉辦現場，也就是柏林圍牆的舊址，那裡蓋起了巨大新穎的購物中心，還有世界各大企業的德國總部，非常絢麗新潮。

可是就在貴婦們購物血拼的同個地方，高跟鞋踩的美麗地板下，就有許多當年東德人的鮮血。

我看著那被保留下來、一個個類似塌塌米大小的牆，我想著，到底哪裡是利馬斯死亡的地方？

我們從小看馬蓋先，看007，都可以看到柏林圍牆分開的東西德。西柏林作為一個當年被東德共產勢力包圍下的民主孤島，總是讓人感覺神祕。

但分隔線下，分隔的是什麼呢？

你要保護的是什麼？而你犧牲的是什麼？

故事裡，利馬斯喪生了，而他保護的穆恩特冷血殘酷，更是個不折不扣的前納粹，只因為他對英國情報局具有價值，因此犧牲了許多人，而後來下獄的費德勒，身為猶太人，被穆恩特打壓，卻是真的對東德效忠，也因此被殺害。

可以清楚看出，作者勒卡雷想要分享的是，在間諜世界裡，沒有誰是絕對正確的，所有的價值觀都是相對的，都是利益評估衡量下的結果。

## 分離與被分離

更有意思的是，勒卡雷本身。

勒卡雷自身在英國軍情局工作，所以可以寫出如此經典的作品，但也因為機密需要，他的前兩部作品是以假名出版。這本《冷戰諜魂》則是經過軍情局審核同意，認為其中沒有洩露機密的風險下，同意出版。

但這不包含他的身分。

勒卡雷在這本書大賣、蔚為風潮後，接受了紐約許多媒體的訪問，他不斷否認自己的工作和諜報有關，說自己只從事文書工作。

事實上，他真的曾在東德進行諜報工作，但他只能不斷否認。直到有一天，他從美國一位極富盛名的記者口中得知，他的最高主管英國軍情局長，在一個私人聚會裡，洩露了勒卡雷的身分給美國中情局長，而同時在那房間裡的，竟有將近五十個人知道了這個機密。

這導致了勒卡雷的去職，從此成為全職作家。

多麼有趣的對照，作品裡的利馬斯被自身陣營給主動分離，死在東德：而勒卡雷極力否認自己的情報員身分，試圖想保護所任職的機構，沒想到，同樣是被自身陣營分離出去。

難怪他在五十多年後，又寫了《冷戰諜魂》的續篇，也就是《間諜身後》。書中和現實的時間一致，過了五十幾年，當時的間諜已經八十幾歲了，卻被迫從法國回到英國接受調查，因為當年死去的利馬斯及麗茲的子女控告英國情報局，因策略不當造成兩人死亡，尋求國家賠償。

書中的主角是當年參與案子的配角，如今在這書裡躍升為主角，但已垂垂老矣，卻仍得靠當年殘存的記憶，試著把那些祕密帳戶、祕密的安全屋，一一招認出來，而過去的機密資料，如今在小他近五十歲的年輕幹員眼裡，卻全成了逃避國家監督的違法事證。

價值觀在這裡，又有了新的一番詮釋。

可是，我更想說的是，時間會過去，故事會留下來，故事裡的角色，苦於思索分隔兩邊的意義，我們能夠得到的啟發，不是其中的寂寥，而是那不得不然下的積極意義。

相較於利馬斯，我們如今面對的情況，輕盈許多，只是一個簡單的狀態，容易理解。雖然不見得比較輕鬆，但我們很清楚，我們面對的是病毒，不是邪惡，我們不需要因為病毒，讓自己變得邪惡。

我們可以等待，我們也有能力等待，我們可以期待那個分隔消失的時候。

## 用你的靈魂擁抱對方的靈魂

眼前，我們暫時隔開，要隔開的是病毒，不是人心。不需要因此忘了朋友，或者被朋友忘了。也許比起以前，我們此時更需要朋友，我們比過去更需要保持聯絡。朋友讓我們可以少一點過度的擔憂，讓我們可以意識到自己沒有過分獨特，更清楚自己仍在團體裡頭，你並沒有失去連結，你不是孤島。

我們還有許多選擇，我們可以在家運動，和朋友視訊，和朋友視訊運動，可以一起吃飯，一起聊天，聽聽對方心裡的苦惱，聽聽對方正在面對的家庭難題。

當然有些時候，光只是說話就夠了，也不一定要視訊、看到對方尷尬的表情。我有個發現，當你們中間連結的工具變得單純時，你反而會比較在意對方，你反而會去慎思要提供給對方的建議，非常奇妙，有時當人面對面時，有些話反而說不出來。

有時，看不到對方的臉，你反而更能暢所欲言，把自己多年來對對方的感覺整理出來，順便也整理一下自己。

最重要的是，這或許也是個停下來喘息的時候，不需要再像之前過度地嗨，過度地追求感官的興奮，有時，安安靜靜地聽對方說，安安靜靜地聽自己說，那很好，那很和平，那很有收穫。

怎麼做都好，只要別放棄，別放棄自己，別放棄朋友。

這樣說好了，當年柏林圍牆分隔下的人們，努力地想要取得聯繫，許多時候還必須以性命相搏，我們現在是不是輕鬆了許多？

用你的靈魂擁抱對方的靈魂，在下次見面之前。

我在床上讀書
持續拒絕願要求
她堅持狗要來床上
「否則我們不夠臭」
但我沈浸於諜報小說
更不想開先例，
一會兒，聽到她開門
讓狗走到客廳去。
她邊關門，邊對狗說
「不要冷死哦」

# 內向者在世界

## 許多人並不想上場

大家常把人生比喻為球場，鼓勵人們要在場上勇敢，勇於表現自己，勇於嘗試，勇於說出自己的意見，勇於接受別人的質疑和挑戰。

不過，說真的，一定要這樣嗎？對於任何鼓勵，不假思索就接受，也是種缺乏思考的表現啊。

我們在自己的場上，夢想，奮鬥，拒絕別人的拒絕，然後受傷，懷疑自己，懷疑世界，最後，難受的看著難受的自己，並且想著哪裡出了錯，自己有錯嗎，或者，自己就是個錯。

我常常在跑步的時候，終於安靜下來，驚訝自己總是那麼任意妄為，卻又全身而退。我也清楚那些驚滔駭浪只是魚缸裡的小風波，自己那些當下的恐懼害怕，不過是極小尺度的上上下下。

但，說真的，我們就只擁有個小魚缸呀，你怎能怪我們小裡小氣，少見多怪呢？

還有，如果並不想上場呢？那又該如何上場？

## 誠實很難，誠實面對自己更難

我不是個誠實的人，但我這幾年努力盡量誠實。

從小我們就被有意無意的暗示，彷彿可以隨時隨地不誠實，而那就是種聰明的表現。總是想要假裝個樣子，好讓世界瞧得起，明明不是演員，卻一直在表演，還擔心沒有入圍每日十大傑出主角，焦慮困惑於演技，苦悶憂傷在表情，卻都無法真心面對自己的真心，因為真相有點醜，心沒有美肌模式。

久而久之，你對世界不誠實，對自己也是。

做為每天都得上場面對世界的人，似乎不得不有一身無堅不摧的武裝，或者有時是華麗的舞會裝扮，有時候，那件衣服是，球衣。

只是，那些外觀的偽裝，有時是，內心的負擔。

當你的體格不夠強壯，你的骨骼不夠堅硬，你的世界觀不夠世界，你的外衣，常常是讓你崩潰的原因，它沒有保護你，甚至讓你疲累不堪，無法前進一步，因為身上的負擔太重了，而且，它還不是你，它也不代表你，你知道，卻無力無心卸下，因為，你害怕脫下那件外衣後，自己會受傷，更害怕脫下那件外衣後，自己誰都不是，彷彿人們只能藉那外衣認識你。

但事實是，那件外衣一卸下，你就消失無蹤了，就跟魔法一樣。

國王的外衣，是透明的。但至少那透明外衣下的，還是個國王。

而不是個國王的我們，脫下外衣，竟然，就什麼都沒有，什麼都看不見了。

你該誠實，你更該對自己誠實，知道自己是誰，知道自己就算不穿衣服，還是存在，並且時時告訴自己，要穿衣服，但也時時告訴自己，你可以脫掉衣服。

要意識到這件事，需要那特別的時機。

那極度特別到，我們願意面對自己的特別時機。

那可能是，受傷。

## 復出，需要最猛的付出

我認為，運動員是迷人的生物，受傷後復出的運動員，可能是最偉大的生物。

戴瑞克．羅斯（Derrick Rose）曾被認定為那時代裡最年輕的MVP籃球員，壓力和期盼是等同巨大的，我難以想像，他是如何在其中安定自己的心，而這些在《不死玫瑰》這本書裡多少有了解答。

但我更在意的是，他是如何在嚴重的職業傷害中自處，而且那嚴重幾乎完全終止了他的職業生涯。

怎麼說呢？

一個被視為天才的球員，突然被認定為再也無法打球，甚至被某些球評說「我們再也不必在節目中提到他的名字」，那種難堪，那種痛苦，絕對比肉體上的痛楚來得巨大。

我關心的，不只是復健的辛苦，而是心理的痛苦，如何平復。因為我總認為，當代最嚴重的問題，是不快樂。

看著玫瑰的凋謝再開花，我不只關心球技的變化、球風的進化，我更佩服那在難以名狀的巨大壓力下，如何還能維持原廠設定，如何還是個完整的人，而不致被巨大如深海底部可將鋼鐵打造的潛艇壓碎的壓力下，依舊能夠生存。

他說，他在那段傷痛復健過程裡，生兒育女，那成了他最大的支柱。

我也因此理解，為什麼有位我佩服的長輩，在與我今年一樣四十四歲的年紀被大公司解僱，中年失業後，從此不再受聘於大財團企業，卻仍能憑著自己的信念前進，並在幾年後，成為知名的理財顧問。

因為孩子，讓我們成為更好的人，更堅強的人。

當然，孩子是個比喻。

生理上沒有孩子的你，總有你珍視的，由你所創造的，那也許是個價值觀，也許是個作品，無論如何，那來自於你，你在乎你在意。

那，它就有可能成為你的支柱。

支持你為自己付出，在每一天的被傷害後，再度復出。

## 安靜的你

我認識一位我很喜愛的編輯，他總是站在我前面，幫我處理各種世界的繁雜事務，替我擋下就算不是世界的風雨，至少是水窪裡濺起的髒水，並且容忍我的各種任性。

比方說，我不愛用電腦寫文章，覺得沒溫度外，更覺得每次選字很煩，因為電腦選字，常常給我奇怪的，而且要選到正確文字的時間，比我打字的時間還多出許多，還選不好。「世界橋的啟」是什麼東西啦？明明是「世界瞧得起」。

他知道我的苦惱，竟然願意幫我打字，就是在我用鋼筆愉快恣意地紙上寫好後，用手機拍照傳給他，他就會幫我用電腦打成文字，替我省卻過程裡的麻煩。

比方說，我喜新厭舊，性格多變，常常在最後一刻改變主意，像在簽書會要開始的前三分鐘，突然說要用我的電腦，讓提早一個多小時去設定測試好的他措手不及，整個兵荒馬亂，現場一片尖叫聲。而我只是站在旁邊看著，臉上帶著笑容。

更讓我感到了不起的是，我隱隱確知，他是位內向者。他卻總得在我之前，勉強自己拿起麥克風，為我開場，很多時候，還是在剛剛講的兵荒馬亂後，那該是多麼不容易，不簡單呀。

我只能在心裡告訴自己，記下這一切，在美好的時刻，跟他道謝，並且提醒他，不必永遠為我做那許多。

而在寫這篇文字時，我眼前不斷跳出這位編輯的模樣。

我知道，其實我身旁有許多人都是內向者，並天天都在這個有點辛苦的世界，辛苦著。

面對自己的內向，並且清楚地知道那些面對大眾的辛苦是確切的，不是自己憑空想像，更不是自己過度脆弱敏感，更絕對不是自己有所缺陷，我是動容的。

也許，我們無法任性地說「那我不要上場，請你不要把我登錄在球員名單上」，但，我們可以清楚知道，每天還願意出現在場上，那就是一種完全比賽，那就是完全燃燒了。

我們不需要別人的肯定，我們肯定知道自己今天有到場，我們加入了賽局，就已經是種超越巔峰了，請你不要幫我奏《洛基》慷慨激昂的音樂，我自己知道我很棒。你更不用過度地要求我，光是要面對眾人觀看的目光，我已經感受到萬箭穿心的壓力了。想像我身上佈滿了箭，毫無空隙，宛如豪豬，只是尖銳的那頭，深入每寸肌膚，痛徹心扉。

而我們還願意，站在場上，屹立不搖，沒有躺下。

我想跟我的編輯說，你辛苦了。

也跟每位內向者說。

# 今天最好玩

## 恐怖片

在考慮著新的小說角色，一早上都在讀資料，時間一下子就過去了。

我這輩子都在怕無聊，拚命找事，卻發現我其實不是怕無聊，比較像是怕時間在那，卻不知道要幹嘛。

我可以無所事事，只是發呆，只是看風景，只是想想活著的朋友，想想死去的朋友。但我討厭自己在那裡不知道自己在幹嘛的感覺。

這真的是相對論，當你面對你在乎的事時，時間竟過得如此快速。而面對你感到無趣的事時，連一分鐘都長得要命。

噢，如果是你不認同的事，那更是要命，可以的話，盡量忍耐，但不行的時候，為了身心健康，就逃走吧。

下個問題來了，你何苦讓自己這樣？還有你真心想弄的事是什麼？

不是說就不要管那些你不感興趣的，那些事很多時候，支持了我們其他時間的生存。

最可怕的是，你沒有任何你真心想做的。

一開始可能只是壓抑你想做的，後來你遺忘你想做的，再來，你沒有能力想你想做的。

你想躺著，你想不動，你想睡到飽，我想都很好。但你想不到你有興趣的，那真的麻煩大了。然後，你什麼都沒做，只有抱怨。

一天結束了，一生結束了。

媽呀，這才是最終極的恐怖片，看著自己成為主角，主演一部恐怖片。也不必去管其他影評，其實，只有你在看，沒人在乎你的人生的。你得坐在那裡看一部爛片，而且你還得看完，不能因為覺得太難看就提前離場。

這是最恐怖的地方。

## 為你擦藥

人總會先想到自己，有時更該多提醒自己想到別人，不只想到別人的需求，更想到別人的愛。

昨天早上願出門前，經過我身旁，瞄了一眼，看到我的身上被蚊子咬，跑去拿藥來，幫我擦。

但我怕她畫畫課來不及，就急著大聲說：「妳趕快去穿鞋子，不要弄啦！」她嚇一跳，就趕快去穿鞋，安靜地在我身後，邊穿邊哭。

我自己轉身，也嚇了一跳。深深反省，成為大人的我，變得在意事情多過了心情。

我們讓她去畫畫，不是為了開發什麼潛能天賦，只是因為她開心喜歡，而我為了讓她開心卻讓她不開心，真是本末倒置呀。

還有，我們希望她有愛心，能看到別人的苦痛缺憾，而當她觀察到，並採取行動、解決問題時，我的反應，竟只是無聊的「怕遲到」。

這也不太ＯＫ。

退一萬步想，我真正該怕的是，我的孩子對人無情。沒有愛心，那才是未來最嚴重的缺乏競爭力，因為不夠像個人，因為只處理事情，不處理心情，ＡＩ就能輕易取代你。

最重要的是，我人生的目標是快樂，讓人愉快，讓人懷念。

但我此刻fail了。

在我重視的人面前fail了。

隔了一天，我還在想，我怎麼這樣。我要學的還很多，我得認真一點，不能像以前在學校那樣了。

## 哪一天最好玩？

我和願盡量每天都運動，有時是半跑半走五公里，過程裡，她似乎會怕我無聊，總是好發議論，有時對我即席演講。

我們每天花很多時間聊天，願說最好的朋友是我，我說因為我最可愛，她就會反駁說不是，是果果，家裡的狗，然後我再繼續說是我，她又繼續反駁。

我通常會問：「今天什麼最好玩？」

她可能回答：「在寫畫區畫畫。」

上次我問她，哪一天最好玩？

她回答，今天。

我深深地震懾住，我竟然從來沒有這樣想過，對，昨天已逝，明天太遠，今天就在眼前，重點是，要是你可以每天都覺得今天最快樂，那不就每天都很快樂了？

也可以繼續延伸閱讀。

如果你最喜歡的工作是現在的工作？

如果你最喜歡的男女朋友是現在的男女朋友？

如果你認識的人裡，最喜歡的是自己？

不要告訴我，這樣的思考會影響進步，失去競爭力，願每天都在進步，每天都學會新的東西。更別提，人類現在最大的問題不是進步，而是心理問題。甚至我認為，在現代，能夠搞定自己心理狀態的，就是進步。

贏得了分數，贏到了生意，卻搞不定自己的快樂，我覺得，就是失敗，就是魯蛇。

問題不在你有多成功，而是不快樂就是失敗呀。

一天過去了，不一定要去計算今天賺了多少錢，但可以問問自己。

你今天好嗎？

你今天好玩嗎？

## 願，跟你說

剛跟願說，很快要跨年了
你知道什麼是跨嗎？
她回，知道啊
就是你跳不過去的時候
你就用跨的。
她繼續說，跨過去，
只要屁股比它高就好了。
我想著，今年是不簡單的
但就屁股高高的
跨過去吧！

最大的示愛：掰掰～有點糟的一年，未來我們好好過／盧建彰 Kurt Lu 著. -- 初版. – 臺北市：時報文化，2020.12；面；14.8╳21 公分 . --（Love：034）

ISBN 978-957-13-8418-4（平裝）

1. 人生哲學 2. 生活指導

191.9 109015933

Love 034

**最大的示愛**
**掰掰～有點糟的一年，未來我們好好過**

**作者** 盧建彰 Kurt Lu ｜ **主編** 陳信宏 ｜ **副主編** 尹蘊雯 ｜ **執行企畫** 吳美瑤 ｜ **封面設計** bianco tsai ｜ **內頁設計** FE 設計 ｜ **內頁手寫字** 盧建彰 ｜ **編輯總監** 蘇清霖 ｜ **董事長** 趙政岷 ｜ **出版者** 時報文化出版企業股份有限公司 108019 臺北市和平西路三段 240 號 3 樓 發行專線—(02)2306-6842 讀者服務專線—0800-231-705．(02)2304-7103 讀者服務傳真—(02)2304-6858 郵撥—19344724 時報文化出版公司 信箱—10899 臺北華江橋郵局第 99 信箱 時報悅讀網—www.readingtimes.com.tw 電子郵件信箱—newlife@readingtimes.com.tw 時報出版愛讀者—www.facebook.com/readingtimes.2 ｜ **法律顧問** 理律法律事務所 陳長文律師、李念祖律師 ｜ **印刷** 紘億印刷有限公司 ｜ **初版一刷** 2020 年 12 月 4 日 ｜ **定價** 新臺幣 360 元 ｜（缺頁或破損的書，請寄回更換）

時報文化出版公司成立於 1975 年，1999 年股票上櫃公開發行，2008 年脫離中時集團非屬旺中，以「尊重智慧與創意的文化事業」為信念。